日出日落

解密中日百年较量背后的资本逻辑

郝一生◎著

人民东方出版传媒
東方出版社

仅以此书祭奠“甲午战争”120周年

目录

Contents

上篇
应激突变：甲午惨败的深层逻辑

下 篇
“中国奇迹”&“日本冬眠”的背后

序

世界的中心正在向东方偏移。不了解中国就不理解东亚；不理解东亚就看不清世界的未来。

百年沧桑，中国和日本作为东亚的两大后起国家，经历了两次此消彼长的日出日落。

180年前当中国和日本的大门，几乎同时被“工业革命”武装起来的西方列强打开的时候，中国还是一只酣睡的恐龙，日本不过是它的一个小邻居。

1868年明治维新之后不到30年，日本就奇迹般地在东亚拔地而起，甲午一战击败了貌似比自己强大的对手中国，让整个世界为之震惊：日本从哪儿弄来了这么大的能量？

120年后的今天，中国又通过连续30余年超过10%的经济高速增长，创造了“中国奇迹”，也同样让世界诧异。在中国一举跃升为世界第二经济强国的同时，20多年来日本经济却长期徘徊，似乎进入了“冬眠”。

120年来，不论日本还是中国，在人种、文化、传统、习俗、哲学、宗教等几乎所有方面，都没有任何根本的改变。喜鹊还是喜鹊；凤凰还是凤凰。那么，在120年中这两个国家的经济发展和国力消长，怎么会如此天翻地覆呢？

不能破解这个“谜”，也许会让我们一直知其然而不知其所以然，长期在懵懵懂懂中诧异。

无数专家学者，试图从各个角度解释背后的原因，却很少有人注意到：当时中日两国在“投资规模”上11倍的巨大差异，才是最根本的原因。

那么，投资规模差异又是由什么决定的呢？1840年，国土、人口和国力都10倍于日本的中国，军备和工业化投资为什么总是“僧多粥少”、大清帝国怎么会穷到连军舰的封仓胶条都换不起呢？

即便可以弄清这些经济成就的来龙去脉，也还是不能解释：为什么，后来同样也可以在科技发展和经济增长方面如此不凡的中国和日本，300年前为什么没能走在英国之前，率先爆发工业革命？

本书试图给出如下印象：

⊙中国甲午战败的根本原因，是战前中国与日本在工业化投资规模上11倍的巨大落差。

⊙近代中日间工业化投资规模的差距背后，是中国被迫开埠后受到的“应激压强”过弱，仅相当于日本的1/5.5。

⊙从“中央强权”转为“中央弱权”，是晚清衰弱的要因。

⊙清末超低税率导致的“两头穷、中间富”，使清廷成为超穷政府，决定了近代中国的百年积弱。

⊙超低税率的背后是中国官僚体系与地主阶层割不断的脐带关系。

⊙近代中国庞大的金字塔型官僚管理体系，是由超级人口大国的基因决定，别无选择。治大国烹小鲜，需用大器。

⊙官吏的“收礼合法化”，是清末国家税收枯竭的另一重要原因。

⊙“科举制度”与中国近代的落伍无关。

⊙北洋水师全军覆没，不是因为慈禧太后拿走200万两修颐和园。

⊙甲午战前“下濑炸药”并没有装备日本舰队，因此北洋水师黄海海战失利与“下濑炸药”无关。

⊙作为“明治维新”前奏的“尊王攘夷”，是一次反动军事政变；明治维新的成功是武士阶层政变后，迅速转向“尊王仿夷”。军国主义的前提是军人实际掌控政权。

⊙“君主立宪”与“立宪君主”的区别，在于君主和议会的主从关系。

⊙后发国家经济腾飞的“三驾马车”：“中央强权”+“市场经济”+“高度积累”。

⊙支撑中国30年来经济持续高速增长的是高投资、高积累下的“重投资主义”。

⊙巨大相对贫困导致国民经济走到了“崩溃的边缘”所形成的巨大生存压力，是“中国奇迹”背后的原始动能。

⊙制度变革是经济崛起的重要制约，但并非唯一要素。制度变革的影响是有限的。

⊙日本1990年的泡沫经济崩溃，只是一次金融危机，并没有成为一次经济危机。

⊙泡沫经济崩溃以来，日本经济持续20多年萎靡不振、慢慢陷入“冬眠”状态的首要原因，是不断膨胀的政府“赤字国债”消费导致的国内净投资萎缩。

⊙人均国民收入到达4万美元以上后，日本社会的生存压力减弱，导致国民的拼搏精神衰减。

⊙发放“消费券”是对抗经济衰退的倒行逆施。

⊙政府赤字国债消费不是一个经济问题，而是一个政治问题。

⊙“政府干预”的首要使命，是扼制经济泡沫、杜绝经济危机。

⊙安倍经济学属于“无米之炊”。

⊙“资本自由化”对后发国家有相当风险，对应不当会有灭顶之灾。

⊙英国工业革命爆发的始因，是印度印花布大量涌入给英国毛纺织业带来的、持续80年的生存危机所催生的“应激突变”。

⊙资本主义萌芽、手工工场和行会的发展、重商主义、民主政体等，大多都曾经是阻碍英国工业革命爆发的桎梏。

⊙人类近代史上，发生过4次重大的“应激突变”：“英国工业革命”、“美洲新大陆移民”、“日本明治维新”和“中国改革开放”。

中国和日本，100多年来的风风雨雨、此起彼伏，其背后所蕴藏着的奥秘和逻辑，也许会是人类文明的一大宝藏。

本书研究的一大难点，是近代史上的许多统计数据残缺不全。借此诚望各界同仁，不吝提供更准确、更系统、更有依据的精确数据，以其昭昭，匡正历史。

谨此，真诚感谢原天津社会科学院日本研究所的吕万和、盛继勤、马黎明，以及日本（东京大学名誉教授）新潟县立大学学长猪口孝教授、东京工业大学桥爪大三郎教授的不吝赐教。

郝一生

2014年初夏于北京

上篇

应激突变：甲午惨败的深层逻辑

1894年（清光绪二十年、日本明治二十七年）7月25日，以丰岛海战为开端、经9月17日著名的黄海海战，至1895年3月9日田庄台被日军攻陷、清廷百余营六万多大军在辽河东岸全线溃败。历时227天的“甲午战争”，北洋水师全军覆没，清廷陆军全面崩溃。

120年前“清日甲午战争”中国的惨败，成了中国人心灵上抹不掉的创伤和纠结。每每翻起这一页，总会打碎中国人心底的坛坛罐罐。

确实，19世纪40年代中国的人均GDP略强于日本，这意味着中国的GDP总量是日本的10倍；1894年大清参战的63万陆军是24万日军的2.6倍；“北洋水师”至少在各项数据上都略优于日本联合舰队。

如果，甲午战前去问一个熟悉东亚情势的旁观者：中日一旦开战，哪一方会获胜？他们多数会告诉你是中国。

于是，无论那些在历史的边边角角搜寻中国不该战败理由的专家学者，还是始终耿耿于怀的平民百姓，内心深处都有一种惋惜：如果没有那些蹊跷和偶然，如果不是慈禧太后动用军费修建颐和园、如果李鸿章的指挥更为得当、北洋水师击中敌舰的炮弹全部可以爆炸、黄海海战北洋水师的编队不出问题、中国海军的洋教练更为得利，等等。大清也许可能不会输掉那场战争。没有甲午战败，也许多灾多难的中国就不会有后来一个接一个的厄运。

然而，历史背后的逻辑并没有想象的那么简单。

第一章　甲午：不对称的战争

1894 年 9 月 17 日阴云密布，宣战后的中日海军在黄海遭遇，北洋舰队提督丁汝昌下令首先向日本舰队开炮后，戏剧性的悲剧发生了，随着北洋海军旗舰“定远号”30.5 厘米巨炮的首发炮弹射出后震耳欲聋的巨大轰鸣，炮弹不仅没有击中敌舰，反而震塌了自己的“飞桥”。英国教练当场昏迷、舰队提督（舰队总司令）丁汝昌腰部严重摔伤。

很明显，包括“定远”舰在内的北洋水师，至少在相当长一段时间内没有进行过实弹演习；而且，军舰的飞桥和其他设备虽已年久失修，却很久没有定期点检，就连老化了的船舱门橡胶封圈，都迟迟得不到更换。

即便清军的整体军力当时已经不如日本，但至少北洋舰队在表面上的军舰数、总排水量、舰炮数量等，完全可以与日本海军抗衡（北洋水师战列舰 2 艘、巡洋舰 10 艘、鱼雷艇 12 艘；日本海军联合舰队炮舰 28 艘、吨位 57631 吨；水雷艇 24 艘、吨位 1475 吨，合计舰艇 52 艘，总吨位 59106 吨）。舰队大多数舰长毕业于西洋军事院校，与“北洋水师”势均力敌。

在中国，提到甲午战争就会渲染“甲午海战”，因为海战至少还算有过一番拼杀，而甲午陆战清军完全拿不出任何一场像样的战例。

人类战史上以少胜多的战例不计其数，但大多都是势弱一方虽然付出惨重代价，但最终还是取得了胜利。公元前480年古希腊6700人在“温泉关”，以300壮士全体阵亡挡住了20万波斯大军的进攻；中国历史上曹操一胜一负的官渡之战和赤壁之战也是如此。

即便甲午陆战中方60万参战陆军中有75%是临时招募的新兵，其余也至少还有大约12万常备军，本应可与日军的17万参战部队一决高下，绝不至于在长达7个月，双方投入总兵力77万人的巨大战役中，日军阵亡数量比冷兵器时代还要少，仅以1132人阵亡（阵亡率0.6%）就轻取胜利。

图1-1　被自己舰炮摧毁的威海岸炮阵地

（图片来源：《每日新闻》社图片）

在开战伊始的平壤战役前，准备对日军发动进攻的前夜，清军内部因恐慌发生了20死、88伤的自相射击事件，导致进攻取消。

平壤交火从早上8：00点打到下午4：40即告结束，清军溃败后，一路逃到鸭绿江边300公里没有任何抵抗；鸭绿江江防之役，日军不费一枪一弹占领了九连城和安东县（今丹东），不到3天近3万清军重兵驻守的鸭绿江防线全线崩溃；此后的“金旅之战”不到一个月旅顺口陷落，其中大连守将赵怀业闻风逃逸，日军不战而得大连湾。镇守旅顺口的道台，尚未见到日军的影子，就率先携家眷逃走。守军黄仕林、赵怀业、卫汝成三将也相继逃离旅顺。下属的兵士公然打开银库掠夺官银。造船所的官、民、军相互配合盗走贵重机材从海上逃走，旅顺口还未开战便风声鹤唳，陷入一片监守自盗的内乱之中。旅顺口附近到处可见丢弃“兵”、“勇”军服，清军逃跑速度之快，丢弃武器之多，史上罕见。

在整个金州、旅顺战役中，日军仅战死 40 人、伤 241 人，足见战斗之轻松。日军第二军 25000 人选择在旅顺后路上的“花园口”登陆，登陆行动 3 天后李鸿章就获得了情报，但在整整 14 天的登陆中，日军没有受到任何攻击；此后，日军 1 天即攻占海军要塞旅顺口；再后，日军攻占“威海卫”的战斗也只用了 3 天。在朝鲜的“成欢”、“平壤”及“九连城”溃败中，清军丢弃了大量军粮和炮械，为敌军提供了冬季难得的后勤补给。甲午陆战再好的后勤保障，也架不住败军乱丢。平壤战役中，日军的干饭团和少量弹药只够用两天，仅平壤一战，清军丢弃粮米 2900 石、杂谷 2500 石，足够日军 14000 人一个月的口粮。让当时赴朝作战、因海军尚未取得制海权、海路军需物资运输未通、出现军需补给困难的山县第一军，如获至宝。而失去食粮的清军，却在朝鲜境内疯狂抢掠。据日清战后日军参谋本部统计，共缴获清军粮秣为：精米 7000 石、玄米 2000 石、杂谷 6000 石。这些战利品不仅分配给部队充作马粮，供给俘虏及雇用的民工，还用于救助当地百姓的粮荒。相比之下，“日俄战争”中不论陆战还是海战，俄国也战败了，但至少在旅顺攻防战中，俄军还是打到了“弹尽粮绝”；甚至让日军的 3 次冲锋就阵亡 36000 多人，日军的黄色军装把 203 高地的半面山坡染成了一片黄色。

军队素质差异

当时刚刚结束冷兵器时代的战争，战争受军人素质影响很大。具有贵族精神的现代职业军人，不仅应作战英勇、视死如归，而且须具备现代军人的基本素养。交战不杀来使、不虐待俘虏、不攻击战场红十字救助、不使用化学武器等。

1891 年英国《武备报》评选清朝海军实力为世界第 8，日本是第 16；当时，美国认定清朝陆军居世界前三。甲午战争中国陆军临时招募了 63 万之众，是日军总兵力 24 万人的 2.6 倍；清军的野战火炮和要塞大炮多达 1000 门以上，且口径极为巨大，是日本陆军师团的炮力的至少 10～20 倍，表面上数量和质量均占绝对优势。那么，清军与日军差在哪呢？

贵族的没落和职业军人的缺失

贵族的尊严和荣誉，从来都是他们高傲的头颅和炽热的鲜血换来的。不论哪一个国家，他们都是那些随时可以用身躯来保卫国家和民族的男性精英。战争中幸存的那些勇士，才会无可争议地获得贵族的财富、地位、尊严并受到尊重。中世纪的英国和其他欧洲国家，平时国家并没有军队，遇到对外战争就集中起各领地贵族们的“重骑兵”临时组成军队。虽然中世纪的欧洲贵族已经开始出现通过缴纳“盾牌金”来逃避征战，但是一旦国家面临重大战争，他们以及他们的子弟还仍然是国家军队的栋梁。

中国将军的“自刎”、日本武士的“剖腹”、英国贵族的“决斗”，这些都是贵族精神必备的修养，各国间本无巨大差别。第一次世界大战英国600万参战军人中，死亡率12.5%，其中有30%是贵族子弟（英国著名贵族学校“伊顿公学”的参战贵族子弟伤亡率高达45%）。英国贵族子弟大多担任军官，他们冲锋在前、撤退在后。对他们而言，自古以来贵族的最终使命和责任就是“武死战”。后来二战中的诺曼底登陆中，牺牲的英国贵族子弟也不计其数。

当年满族“八旗子弟”能够杀入关内、推翻明朝，打遍大江南北，靠的也是骁勇善战、摧枯拉朽、视死如归。在日本，“一族全部战死”是这个武士家族的荣幸，也是武士家族最好的归宿。

可是，长年的和平环境让清朝贵族完全堕落。到了晚清，狡兔死后260年的中国满族八旗子弟，大多堕落为养尊处优、吃喝玩乐、贪生怕死之辈。待遇优厚使得八旗养尊处优，不堪战守①，连康雍乾皇帝每年必赴承德走马围猎，围场演兵的传统都已经不复存在，而执掌着清军指挥权的恰恰是他们。

狮子领着羊群，羊群个个是狮子；一群狮子被羊领着，狮子个个会变成羊。朝廷派往各地与洋人作战的满族将军，绝大部分都是既不懂军事战略，又极度贪生怕死的没落贵族子弟，他们不是临阵脱逃，就是畏敌不前。甲午陆战前，许多军官早就穿好了“兵”、“民”两套服装，见势不妙就脱掉外面的军装随时逃跑。

中国临战招募的参战陆军的出征，几乎是丑态百出：在部队行进的两侧，家属们抱着孩子在路边哭天抢地，行军队伍中有人提着鸟笼子和自己的爱鸟，另外一些人夹着大烟枪，有的甚至身穿便服，五花八门，无奇不有。绝大多数临时招募的军人（如12000人中有9000人是新募

---

① 皮明勇：《试论清朝的绿营低饷制度》，载《军事历史研究》1991年第3期，第114页。

兵，约占 75%），上阵前没有受过正式训练，有的甚至于连枪都没摸过。清廷的“征天下之饷，练一省之兵”，虽然可使北洋六镇迅速成军，但也恰恰反映清末的一省之饷，实无法练就一省之兵。

甲午海战失利后，丁汝昌为了不让战舰留给敌人，命令停泊在威海的各舰沉船。那些贪生怕死的中国军舰的将领们，因为惧怕日本人报复，居然没有一艘军舰服从命令，把军舰全部留给了日军。最后，官兵甚至为要求投降集体造反。刘公岛兵士水手聚党噪出，鸣枪过市，声言向提督觅生路，众洋员皆请降。面对全军崩溃，丁汝昌的军令已经失灵。军士露刃挟汝昌，汝昌入舱仰药死。

更荒唐的是，耗费巨资 570 万两建设的旅顺、威海卫两大基地和大沽船坞战前根本无心备战和御敌。威海岸炮阵地在战前，军官居然热心拿炮台官兵的粪便做生意，正是所谓“干大粪百斤，东戈五百文，银货二十四钱”，买卖兴隆，弄得炮台成了一大粪场，臭气熏天，方圆数里无人愿意靠近。北洋水师自将领以下，不少军官长期在基地刘公岛营造店铺出租给下级敛财，开设鸦片烟馆、妓院，甚至参与走私。

混杂的武器装备

中日双方在甲午战争前，都千方百计从西方购买各式武器、枪炮、军舰、弹药和装备。

中国清末各地总督，也通过多种渠道从欧美各国购买西式武器，各自为政、缺少章法，购入枪炮的国别、种类、规格繁多且新旧混杂。造成清军中普遍存在枪械种类繁杂、弹药各异、操作复杂，给战斗作业、弹药补给、枪械维修带来极大困难。各兵工厂仿造生产的枪炮器械五花八门且工艺不达标，许多枪炮无法安全射击，自制的弹丸即使可以发射也缺少精度。工厂仿造的枪支尚未定型投入使用，国际上又出现性能更好、价格适宜的新枪械。

1861年曾国藩建立安庆内军械所，专门生产洋枪洋炮，后来的“汉阳造”步枪因工厂失火1895年8月甲午战争后才开始小量生产。由于工艺落后，工业基础差，浪费惊人，中国的军工产量少、质量低劣且价格昂贵①。汽船仿造的情形也大体类似，自制的数艘舰船成本高昂、速度缓慢，燃料消耗过大。

从日本在平壤、九连城、缸瓦寨、辽阳、海城、牛庄、营口、田庄台等处的战斗中缴获的清军武器弹药统计可见，清军装备混乱状况十分严重。安徽廪生朱照给张之洞的《上张香涛制府条陈平倭事宜书》中可见清军：“炮则有格林、阿姆斯脱郎、克虏伯、田鸡炮、开花炮等种，枪则有新旧毛瑟、林明敦并中国自制之快利枪，名色繁多，殆难指屈。弹药或误，则与枪炮格格不入，或大或小，或长或短，或松或紧，皆不适于用，则有器与无器等。中国海军兵轮所用之炮，如格林、克虏伯等，一艘必有数种，此炮之弹或误入他炮，则必不能开放；重新取易，愈觉劳费，迟误稽延，多由于此。陆营兵士或持毛瑟，或持林明敦，或持快利等枪，临阵往往有枪与弹不合之弊。盖由常兵入伍者多系椎野粗卤之夫，不能一一辨认；况种类繁多，即营官、哨弁尚有不能尽识者哉。”“军内配备之马梯尼枪弹丸有四五种规格之多，制造局内尚存二十年前旧弹丸八十万粒，毛瑟枪弹丸六十六万粒，不合膛或失效弹丸高达百分之七十以上。”

而日本战前在兵器的自主研发方面步伐加快。明治十三年（1880年），东京兵工厂的村田经芳大佐，参考法国库拉M1874和荷兰堡蒙

---

① 陈崇桥：《中国近代军事后勤史的几个问题》，载《军事历史研究》1990年第1期，第53页。

M1871 步枪的综合性能，制造出日本式步兵枪，取名“村田式”。改良版 18 式减少了重量和长度，全长 1275mm，重量 4098g。并在村田单发步枪的基础上于 1894 年完成研制连发步枪，量产后首先装备近卫师团和第四师团，在对台作战中投入使用。村田因功晋升少将，后成为贵族院议员。日本火炮的发展也较迅速，1883 年第一号 7cm 国产青铜铸造山炮诞生两年半，日军完成了全部野战炮兵部队的装备更新。大阪炮兵工厂先后生产出 9cm 臼炮、9cm 加农炮、12cm 加农炮、15cm 臼炮等炮械。在意大利技师古利劳少佐的指导下，又相继研发生产出铸铁制 19cm 加农炮、24cm 加农炮、28cm 榴弹炮，并且装备了意大利式的炮用测远器；1904 年日俄战争中，日本自主研发的“下濑爆药”（化学反应能产生 3000 度以上高温冲击波和瞬间分解 3000 片以上弹片）投入实战后，为毁灭俄国波罗的海舰队立下卓越功绩。下濑炸药虽然在甲午战前已经被发明出来，但在 1894 年的甲午海战中还没有装备舰队。

甲午战争前后，日军通过常驻中国境内间谍，大量获取各类情报；还通过截取电报，获得中国的重要军事情报，就像太平洋战争中美军破译日军电报那样，直接影响到了战争的进程。直到 1929 年，中国的每年 400 万份电报，只是日本 6477 万份的 1/16。

《征兵令》和常备军

日本军界长老、维新名士山县有朋，倡导并推行了“全民皆兵”的方针。明治六年（1873 年）1 月 10 日天皇颁布《征兵令》，改造了以旧藩阀为不同轴心的“门客”体制，组建“国家军队”。政府设置兵部省（国防部），采用法国式军制改编军队，扶植军校体制，严格接受西方军事训练，兴建陆军屯兵营地、海陆军士官和将校培养军校、兵器弹药制作所、军队专属医院等。把自古传承的尚武精神与近代国军意识相融合，实现了适合现代战争的军队国家化、专业化。

日本当时规定，根据“四民平等原则”日本男性公民不论贫富贵贱、地位高低，都有为国服兵役的义务。日清甲午战争中，日本皇室也与国民无异，适合兵役条件的皇室成员多人入伍参战。

日本“武士”原本就是职业军人——虽然只是地方私人武装。一旦明治政府组建国家军队后应征入伍，他们就会如鱼得水。

为了不降低作战部队的素质，日军起用传统的“军夫”①，担任输送辎重、弹药、粮草、救护等后勤保障任务。军夫的雇用采取军方和民间契约的承包制，在马匹车辆不能到达的地方，军夫用“驮马队”或“背负队”（人力背、扛），完成特殊艰难地段的运输业务，因此军夫薪水收入远高于正规军士兵的津贴。曾国藩也曾于 1854 年在湘军首创“长夫制”，承担军中杂务，规定营官及帮办配给长夫 48 人，军需搬运配备长夫 30 人，五百人一营的编制配备各种职能的长夫总数 180 人，相当每 100 人兵勇拥有长夫 36 人。长夫是临时雇用的随军人员，不属军队正式编制。

整个甲午陆战中，日军只战死 1132 人、负伤 285 人，其余病死 11894 人；战伤病 3758 人，全部死伤还不到日俄战争日军战死战伤 55655 人的 1/50；甲午战争清军死伤 35000 人（其中死亡人数不详），不到日俄战争俄方死伤人数的 18%；日俄战争中俄军死伤 188660 人（其中病死 11170 人），被俘 79000 人。

---

① 古代日本军队出征如同旅行，军中后勤、运输等花钱请“军夫”承担，民间娼妓们会自愿随军前行，在军营附近安营扎寨，自谋营生。

军人体格差异

日本军人在人种上并不比中国军人优越，甲午战前甚至普遍认为日军因身材矮小而较清军为弱。但明治维新 26 年后的日本，随着人均收入和军队给养的改善，使军队士兵的伙食、营养、医疗、防病等多方面有所加强，最终对士兵的体格差异产生了影响。1894 年 12 月，日本野战卫生部曾对俘虏的敌兵，实施体格状况调查，野战卫生部长官石黑忠悳向全军通报了一份《日清兵体格比较》的研究报告指出：以往日军士兵普遍认为清国军人体格高大、强健，身体素质优于日军。体格检查统计对照显示，日清两国选兵采用的身体检查卫生学标准存在较大差异（日军采用欧美军队提出的卫生学标准）。以 77 名战俘与 14218 名日本兵体格检查的结果比较来看：清国士兵年龄高于日本兵，平均差值高出 8 岁 5 个月，甚至有 16 岁未成年军人投入战场的记录；清兵的平均身高超过日本兵 1. 8cm，胸围超过日本兵 4. 6cm。清兵骨架虽然超过日兵，但是平均体重指标低于日本兵 6. 5kg。日本兵的身体肌肉量高于清兵，平均握力超过清兵 10kg（日本兵在战场上手臂动作能力优于清兵）；日本兵肺机能超过清兵 0. 33cm，肺活量超过清兵 502ml。日本士兵的战场运动机能及情绪稳定能力也优于清国士兵。《日清兵体格比较》的研究结论：日本兵拥有体格上的综合优势。

“如果当时清朝能再坚持两三年，日本就会败得一塌糊涂”（宫川俊彦教授）的说法有些牵强。恰恰相反，如果当时清朝再坚持两三年的话，中国的失败会更为惨重，甚至可能让整个清王朝彻底瓦解。《马关条约》签约前，希望通过战争继续扩大战果的强烈渴望，才让日本的主战派、自由党系青年小山丰太郎试图击毙李鸿章，阻止签约。因为继续战争只会让大清败得更惨。

那么，为什么清军会变得如此不堪一击？

第二章　天壤之别的军备

日本和中国几乎是同时起步，走上奋发图强、富国强兵道路的。当年，日本眼看着中国在鸦片战争中失败，被迫签署《南京条约》并开埠通商。10 年后的 1853 年"黑船来袭"、美国人把刀架到了脖子上时，幕府进退维谷，如履薄冰。中下级武士也是明知不能而硬撑着打出"攘夷"口号的。

认为日本没有像中国那样经过对外战争的失败，就走向开港通商的说法（加藤祐三教授），并不准确。"萨英战争"和"下关之战"两次企图赶走洋人的战争规模虽然有限，但英、法、美等国通过这两次战役，在军事上给日本主战武士的打击，并不小于两次鸦片战争给中国的教训。

"弱肉强食"是那个时代的野蛮逻辑。从西班牙女皇取下皇冠上的钻石作为经费的"探险家"克里斯托弗·哥伦布、葡萄牙的达伽马、英国女皇亲准的私掠海盗弗朗西斯·德雷克，到逼迫日本开港通商的美国马修·佩里的黑船舰队无一例外。

军备最终决定国家的地位和势力范围。英国能够成为日不落帝国，靠的也是工业基础和船坚炮利。从当年打败世界上最强大的荷兰舰队，到远离国家半个地球打赢鸦片战争，靠的也是军备的扩张。工业革命后

图 2-1　“下关之战”：日本“攘夷”的惨败

（图片来源：《每日新闻》社图片）

英国（1688—1815 年）GDP 增长了 3 倍，政府财政收入则增长了 14 倍，税收占 GDP 的比例从 10% 上升到超过 20% 之后，其中绝大部分（约 80%）被用于军事开支和偿还国家债务（国家欠债也主要是因为战争），仅 1792 年国债就是 GDP 的 1.5 倍。[①]

日本对“弱肉强食”的竞争规则并不陌生，“国技”大相扑的比赛规则，从来不分体重级别，胜负只看谁先着地。没有人会抱怨自己输掉比赛是因为体重过轻。

在“萨英战争”和“下关之战”中，惨败给英、法等西方列强的日本与中国不同。即便“义和团”毫无悬念地败给八国联军后，慈禧和光绪还是可以逃往中国西北，而身处岛国的日本皇帝和将军却无处可逃，据说听到美国人“黑船”的炮声竟被吓得尿了裤子。所以，从受

---

① ［荷］皮尔·弗里斯著，苗婧译：《从北京回望曼彻斯特》，浙江大学出版社 2009 年版，第 15 页。

到外来压力的程度看，日本比中国的抗压耐受力更差——岛国日本地理和空间上没有任何回旋的余地。

面对西方列强的军事威胁，日本幕府和各强藩早在明治维新前就开始全力“强兵”：1855 年设立“长崎海军传习所”（海军学校），1862 年设立幕府陆军（国家军队），并参照欧洲军事教材，聘请法国军事顾问团开始正式训练（1867 年始）；1865 年从美国购买了南北战争结束后的大量剩余武器（仅恩菲尔德步枪就进口了 5 万支）；幕府的“关口制造所”和萨摩藩的“集成馆”进口了炮身切削用机床，自制“四斤山砲”。

早在开港前的 1791 年，林子平（1787—1791 年）就自筹经费雕版印刷出版了《海国兵谈》，成为日本近代最早参考西洋兵书的军事政策，为日本的近代军事理论，特别是对海军的重视是前所未有的，但从荷兰船大炮的草图看，当时日本对西方列强军事装备的了解相当粗鄙[①]。

明治政府成立以前，幕府就进口了 64 艘（各藩多有进口，合计 127 艘）洋式舰船，同时建造了国产蒸汽军舰“千代田形”。并从美国和荷兰定制了“富士山丸”、“开阳丸”两艘军舰。其中 2590 吨的“开阳丸”，从一开始就是照着美国恐吓日本的“黑船”原封原样订购的。

明治维新前的所谓“工业”，几乎都与军备有关。佐贺藩的“三重津海军所”、幕府的“长崎制铁所”，以及更大规模的“横须贺造船所”等，比比皆是。甲午海战中，被称为日本海军中军舰“三景舰”之一（松岛、严岛、桥立是日本三大自然景点），当时最大的“桥立”（1894 年竣工，4217 吨）号护卫巡洋舰，就是在“横须贺造船所”自己建

① ［日］矢嶋道文著：《近代日本の重商主義思想研究》，御茶の水書房 2003 年版，第 105 页。

图 2-2　日本：黑船（美国武装商船）来袭

（图片来源：《每日新闻》社图片）

造的。

明治维新后，明治政府于 1872 年第二次引进法国军事顾问团、1873 年从英国引进“道格拉斯教官团”。并从 1883 年开始实行《八年军备计划》，将国家预算的 20% 以上（最高年份超过 35%）用于扩军备战。日本虽然在拼尽全力扩充军备，但财政状况也一直相当吃紧，导致日本海军从 1870 年就提出的“建造 200 艘战舰”的计划，一再搁浅或推迟。

甲午战前，日本国内很少有人认为一定可以战胜中国，家住上州沼田的日本著名作家生方敏郎（是时 12 岁）回忆：“当时的日本人，可没有谁敢自负地说要比过中国人，我们只奢望不要太落后于中国就好了。”（《明治大正见闻录》）

日本最初的“举国军备”，也主要是为了抵御外强、保家卫国。但进攻台湾、朝鲜和甲午战后，日本通过战争获得了巨大的利益，战争反而成了日本通过对外扩张实现财富增长的“生财之道”。于是“强兵”

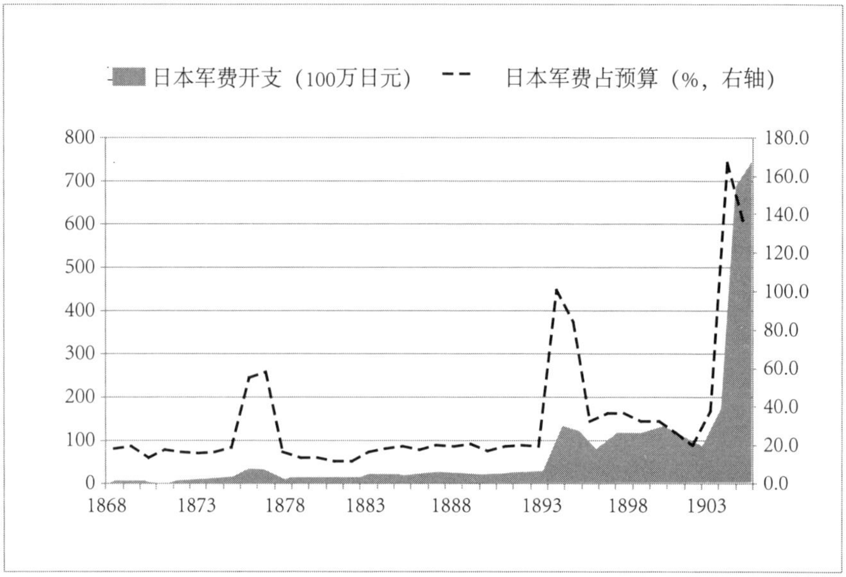

图 2-3　日本军费开支及其比率

（1868—1905 年，100 万日元，%）

（数据来源：《明治以降本邦主要经济统计》①）

图 2-4　日本自造“桥立”号护卫巡洋舰（1894 年竣工）

（图片来源：日本《每日新闻》社图片）

① 日本银行统计局：《明治以降本邦主要经济统计》，並木书房 1999 年版。

（战争）就成了“富国”的有效手段。甲午战后，《马关条约》中国的战争赔款成了日本扩军备战的及时雨：甲午赔款2.3亿两白银，其中22%偿还战争费用和借债，其余63%用于扩充军队，只有15%用于其他如制铁所（八幡制铁所）设立费、运输通信费、帝室御料、救灾·教育基金等。日本的甲午战争费用2.33亿日元，战争赔款约3.6亿日元，利润率高达55%。

在日本著名思想史学家野鹿正直看来：甲午战争后，日本国民由原先“极端的自卑”转为“极端的自负”，产生了一种以“强国”自居的“大国民”、“大民族”意识。以甲午战争为界，幕末以来只停留在知识阶层的蔑视中国的意识，已经完全渗透到一般国民之中（《思想史论集》）。

在筹建海军的募捐活动中，明治睦仁天皇决定为了节约每一分钱用于军备，从1893年起天皇“每天少吃一餐”，将节省下来的钱每年捐出30万日元（差不多相当于30万两中国白银）用来购买军舰、扩建海军。同时从公务员的薪水中抽出10%，补充造舰费用。到甲午战前的1890年，日本海军2000吨位以上的战舰仅有5艘，总吨位约17000多吨，已经可与2000吨位以上的战舰7艘，总吨位27000多吨的北洋水师决一雌雄。并在战争中动员了陆军7个师团，计240616人。其中174017人到海外实际参战。

战前，日本海军就设定了击败清国北洋舰队主力舰“定远”、“镇远”的目标。国家发行海军公债1000万日圆，增加建造“松岛”、“桥立”、“严岛”三艘松岛级国产战舰，装备口径32厘米、炮身长12米大炮。

日本：在“瓜分世界”中分最后一杯羹

1874年，日本以1871年的渔民被杀事件为由，武装进攻台湾，事后反而得到清政府50万两银元的赔偿。这是日本第一次通过武力从对外交往中获利，让日本在穷兵黩武的过程中尝到了甜头。此后，几乎每次对外战争中日本都屡屡得手，并一再获得了“赔偿”和其他领土权益和经济利益。1879年日本把琉球国王尚泰掳到东京，改琉球王国为冲绳县。琉球被纳入日本本土，日本第一次通过武力获得领土扩张。

进攻台湾后的第二年（1875年），日本转攻朝鲜，并与朝鲜签订《江华条约》。第一，日本承认朝鲜是独立国家；第二，日本在朝鲜享有领事裁判权；朝鲜开发元山、仁川两个港口通商。20年前还在为美国“黑船”来袭一筹莫展的日本，1868年明治维新变法后仅仅8年，一下子就跃身变成了一个也要靠扩张获利的东亚军事强国。

1885年，觉得自己还没有力量与中国全面冲突的日本，就朝鲜问题与中国签订了《天津条约》，约定如果朝鲜再度发生变乱，两国同时出兵。10年后的1894年，提前完成《8年军备计划》的日本，觉得羽翼已经丰满，便借朝鲜东学党引发的民间动乱，策动了朝鲜的宫廷兵变，废除了与中国签订的一切条约，驱逐中国军队，试图一举吞并朝鲜。于是，清日一战已在所难免。

对日本而言，日清甲午战争虽然没有“日俄战争”时那么如临大敌、紧张惊恐，但却是日本第一次战胜原本比自己强大的邻国。故，甲午战争不论对中国还是日本，都是近代史上强弱关系逆转的一个重大转折。《从日清战争中学习》的作者、日本保守派人士谷口光德认为：“对于构筑现代日本来说，日清战争（甲午战争）的作用大于日俄战争。”

灰飞烟灭的坚船利炮

清廷为了“强兵”也曾竭尽全力：1860年后设立总理各国事务衙门（外交部、外事部）；设“同文馆”，培养各国外语人才、培植自然科学人才。并将对外贸易海关税收的30%，作为洋务运动、自强运动的经费；海陆军总理各国事务衙门，统一协调军队建设、后勤保障、军事院校、军事工业、炮台要塞的管理、新军的训练、武器购买和配置等等。

清军也和日本一样，自19世纪60年代开始就购买洋枪洋炮、聘请洋人作为军事教官。1866年在福州设立第一所海军军事学校“福州船政学堂”；1880年“北洋水师学堂”在天津开校；至清日甲午战争前，“江南操炮学堂”、“天津武备学堂”、“黄埔水师学堂”等十五所军事院校先后落成；1875—1895年的20年间，清国派往英、美、法等国的军事留学生超过100人。同时翻译了英、美、法、德、俄等军事强国的兵制、军队训练、海防配置、军费开支、临阵用兵、兵器制造、战斗操法等七十余种军事著作。北洋水师二十余艘舰船皆任用有留洋经历的人才担任管带，形成有西方海军特征的清国海军；留学英国的“定远”旗舰管带刘步蟾撰写的《北洋水师章程》，曾受到欧美海军界的关注和赞赏。

大清在“清法战争”海战的失败中倍受刺激，加速了筹建和扩充海军，其中最可称道的还是“北洋水师”。1885年，大清国增设“总理海军事务衙门”，制定优先发展北洋水师战略。消耗巨资购买当时最精锐战舰和大炮，留洋深造和培训大量专业技术人才及附属工厂。李鸿章的原则是："凡筹饷、练将、修船、制器、铸造军火、置设天线，以及储备械具煤斤，无一而非急务。是以地方设清讼、发审、保甲、水利、筹款、车船、厘金、征信等局。海防则有设练饷、支应、军械、机器、制造、电报、船坞、工程等局，并分设营务，建立水师、武备学堂及医院、煤厂，均专职专责以免贻误。"1888 年《北洋海军章程》颁布，明确水师各部职责：船械局专管维修舰船的船坞和兵船一切器具的添置购买；天津海防支应局专管海军的军俸饷；天津军械局专管水陆各军军火的收发；威海卫水师养病院专管海军将兵战伤救治。

到 1888 年，包括后勤保障在内的北洋水师"樯橹如云、旌旗蔽空"，堪称东亚一雄。北洋水师旗舰"定远"号，被称为东亚第一战舰。当时，日本民间有一款很受男孩喜欢的游戏，名字就叫"击沉定远"，足见其威慑。

一个不可忽略的细节是，1875 年升任两江总督的南洋大臣沈葆祯，主动向李鸿章提出：400 万两分建两军分散太少，故将组建南洋水师的 200 万两，全数解北洋，才有了后来规模的北洋水师。沈葆祯顾全大局之义举另当别论，清廷在扩军备战时经费的严重紧缺可见一斑（200 万两仅能购买 360 万两的"定远级"战舰半艘）。

但黄海一战，"北洋水师"沉没舰船：定远、来远、威远、靖远、宝筏、附属 2 号鱼雷艇、二樯帆船 7 艘。受降战舰：镇远、济远、平远、广丙、镇北、镇中、镇南、镇东、镇西、镇边等计 10 艘；从港湾西口突出逃走的 9 艘鱼雷艇，除左队 1 号逃走外，其余包括福龙号在内的 8 艘鱼雷艇均触礁被俘。

而日方除三艘鱼雷艇损伤沉没外，主战舰没有一艘沉没。仅从海战的结果看，甲午海战虽然被中国史书和影视片描绘得有声有色，但当时北洋水师的实战能力已经与日方有着相当差距。

图 2-5　亚洲第一战舰：北洋旗舰“定远”号

当时，“洋务运动”中其他如矿产开发、铁路建设、电信架设、轮船制造、国内和海外航线的开通、工厂和工业的发展和建设等，也一一与“船坚炮利”相关。

买得起马，配不起鞍

中日间军事实力的差距，是从 1885 年以后的 10 年中迅速拉大的。

由于财政吃紧，清廷从 1888 年以后开始消减对北洋水师每年 200 万两的拨款，全国军费亦有减无增，清政府派定的海防款项，常被地方督抚以种种理由拖欠截留。正如户部在甲午战后承认：“查光绪十七年（甲午战前 3 年的 1891 年）四月间，臣等因部库空虚，海疆无事，奏明将南北洋购买枪炮、船只、机器暂停两年，借资弥补。”据统计，北洋海军经费从未解足份额，每年实际收入在 100 万两左右，仅占国库收入的 1% 左右。

这并不是说，晚清政府舍不得拿出钱来扩军备战，甲午战前清廷军费开支长期保持在 50% 左右，应当说已经竭尽全力了。这就是所谓“越穷越吃亏”，政府穷到这份上，白手起家把“洋务”办成这样，已经相当难能可贵。

甲午黄海战前6个月，北洋舰队申请紧急换装部分速射炮并补充弹药，得到的圣旨却是“停购船械”，李鸿章不得不因国库拮据而停办。以致大战前，“定远”、“镇远”两舰主炮的实战用弹仅存3枚，唯练习弹“库藏尚丰”。一年前李鸿章已知此事，当即“令制巨弹，备战斗舰用”，却一直无法落实。以致黄海大战中击中日舰的炮弹，居然是法国产陆上要塞炮用弹，打进敌舰后根本不会爆炸。

自光绪元年到光绪二十年，购置船炮军火的总开支仅800万两白银，居各项开支之首；军港及防务设施建设共花费240万两白银，这两项开支，占军费开支的一半以上①。

这就造成：1. 清军没有钱建立状态完好的常备军；2. 北洋水师的舰船和装备年久失修，长期得不到维护；长年没钱进行实弹演习，舰队缺乏训练和战斗经验，甚至连远洋航行都很少；3. 陆军的武器装备混杂，几乎没有大的“拉练”和演习。清军单兵平均射出的子弹数量很高，但命中率却极低，仅为日军的1/9；4. 朝廷唯恐将领拥兵自重，设立文官和武官两重管理制度。武官的权力被不断削弱，地位明显低于文官。具专业经验和知识的职业军人很少，“洋教官”多是摆设。

明治维新以后日本逐步走向军国主义的说法并不准确。军国主义的基本前提，是军人实际掌握国家权力。从这个意义上讲，日本从明治维新之前600年的将军幕府时代开始，就一直是军国主义，天皇也是一直被排挤为附庸。故，仅以“军国主义份子”的存在，还不能判断一个国家就是“军国主义国家”。

明治维新不过是一群中下级武士掌控的地方强藩，因为不满武士

① 姜鸣著：《北洋海军的经费初探》，载《浙江学刊》1986年第5期，第137页。

“半失业”和社会地位的急剧下降而揭竿而起的政变。

最初的明治政府，不过是一个新的武士政权，取代了腐朽的将军幕府。所谓民主宪政不过是一件外套，军国主义的本质并没有改变。

那么，当时的中国是什么主义呢？是“文国主义”。即，庞大的文官系统实际控制国家权力，军人不过是附庸，处于从属地位。中国历朝历代的统治者，对军人造反的担心从来没有放下过。中国“文国主义”的根基，是4亿超级人口大国基因。

清军一直实行佣兵制度，官兵服役大多是为了获得军饷、维持生计，因此将士逐渐失去实战能力。大多数士卒、兵、勇来自贫困人家，从军成为穷人躲避饥饿、解决温饱的一种特殊“职业”。佣兵制度下的军队没有明确的服役年限，军中老年、壮年、青年人混杂，士兵的年龄和经验参差不齐，还可以父子相传，故难以承担相同的军事任务。在长期和平的环境下，军队中滋生各种不良风气。自光绪三十年（1905年），清军才吸取清日甲午战争失败的教训，仿照外国兵制进行军制改革，分为“常备兵”、“续备兵”、“后备兵”三种兵役的清国式兵役制度，但实际上仍然沿袭饷银佣兵制。

日本的情况相反，1882年（明治十五年、光绪八年）8月，山县有朋提出以“烟草增税”扩充军备，9月岩仓具视以大清国为假想敌、增税扩充海军，12月提出了总额5952万日元的扩军八年计划。其中：陆军1200万日元；军舰4200万日元；炮台552万日元。三年内陆军兵力扩增1倍，海军建造四十八艘军舰。而该年度的日本政府一般预算岁出只有7348万日元。翌年1883年（明治16年）军费预算占财政支出的比例提高到20.0%以上，《扩军八年计划》完成后的1892年度（明治25年）该比例提高到高峰期的31.0%。

1892年8月，俄国开始在远东的海参崴建设军港，11月俄国太平洋舰队访问日本炫耀武力，给新成立的伊藤内阁极大刺激。伊藤接受了海军的扩张计划，追加建造 10 万吨规模的军舰，议会支持伊藤顺利通过了年度预算。

明治天皇率先从宫内经费中下赐“御内帑金”，全国有志者在天皇恩惠感召下纷纷响应追随，支援国家海防建设，总计捐献海防金 230 万日元。明治二十年（1887 年）至明治二十五年（1892 年），全国各要塞装备的海防火炮总数达 212 门，几乎全部是由大阪炮兵工厂用献纳金制造的大炮（除两门大炮从外国购入外），大炮尾部刻“献纳”标识以示敬意，并授予献金者“黄绶褒奖章”予以表彰。清日甲午战争期间，日本收到“捐献金”和“寄赠物”、恤兵部接受的献金总额 2209770 圆 70 钱 5 厘，献纳人数 2164686 人，寄赠物品估价 708634 圆 33 钱 6 厘，寄赠人数 949128 人。另有外国人 34 人捐赠了 879 圆 62 钱 5 厘。

明治政府卧薪尝胆、勒紧裤带创立的海上运输业，也在战争中派上了用场。在海运方面，参谋本部和陆军省征用民间船只运兵，从“日本邮船会社”征得汽船 12 艘、大阪商船会社汽船 2 艘，其中军需物资及通信物资用船 4 艘，计 24487 吨（当时日本拥有日籍汽船 378 艘 191491 吨；外国造汽船 64 艘 109817 吨。国产内航船 106 艘 52817 吨；近海航船 208 艘 28786 吨）；船队航线，北到海参崴；南到夏威夷、南洋诸岛；西到朝鲜、上海、香港、孟买等地。由于船只征用难以适应作战需要，陆军大臣决定增购 1500 ~3000 吨位的汽船 10 艘，计 18099 吨。1894 年 7 月 12 日至次年 9 月 17 日，汽船陆续交货全部贷给日本邮船会社，投入军需运输；8 月下旬，日军赴朝兵力输送量激增，陆军征用船只数达到 40 艘计 73726 吨，海军拥有的 6 艘汽船全部配与巡洋舰补给使用；10 月，海军另外追购 6 艘汽船计 29036 吨，其中 5 艘归属海军，1 艘归属陆军，全部贷与民间会社运行。随着战争和军需的扩展，民间航运公司纷纷求购汽船，业界出现竞争局面。在第二军花园口登陆作战（10 月），民间被征用船 63 艘计 113372 吨；1895 年 7 月，海外部队回撤及台湾作战，增加民间征用船 38 艘，使民间船只征用合计达到 101 艘计 195197 吨（日清战争军内外征用汽船总数：陆军 112 艘 212636 吨；海军 24 艘 45750 吨；另外征用帆船 7 艘 4619 吨），专门用于向国内运送缴获的兵器、弹药等战利品。

甲午战前 1875—1894 年 19 年间，中国的军费总支出按 4600 万两[①]，另国家军用工业企业总投资 4281. 6 万两（其中 83. 7% 来源于海关、中央和地方拨款仅约 10. 2%）推算，日本 1888 年以后 8 年含战争债券的国家军费约白银 4. 63 亿两（5. 55 亿日元），是 1894 年以前清廷 19 年军备支出约 0. 88 亿两的 5. 2 倍！

很多人总是喜欢拿慈禧太后动用 200 万两北洋水师军费说事，似乎如果北洋水师有了这 200 万两军费，中国就有可能打赢甲午战争似的。事情远不是这样简单，暂且不说慈禧太后修颐和园的 200 万两白银，是中国向德意志银行 500 万两贷款中的 200 万两，并非北洋水师用款，就是比这 200 万两多一倍的钱都用于备战甲午，也只是杯水车薪，于大局无补。

200 万两白银对北洋水师来说，更换舱门密封圈也许够了，但“定远”一开炮就会震塌自己“飞桥”，说明北洋水师军备状态已经差到了极致，绝非 200 万两白银可以敷衍和改观。

甲午战争中所谓中方在某些枝节或战术上的失误，只不过加快了战争结束的速度而已，对战局整体胜负并无决定性影响。

那么，日本的军备是靠什么装填起来的呢？

---

① 周志初著：《晚清财政经济研究》，齐鲁书社 2002 年版，第 209 页。

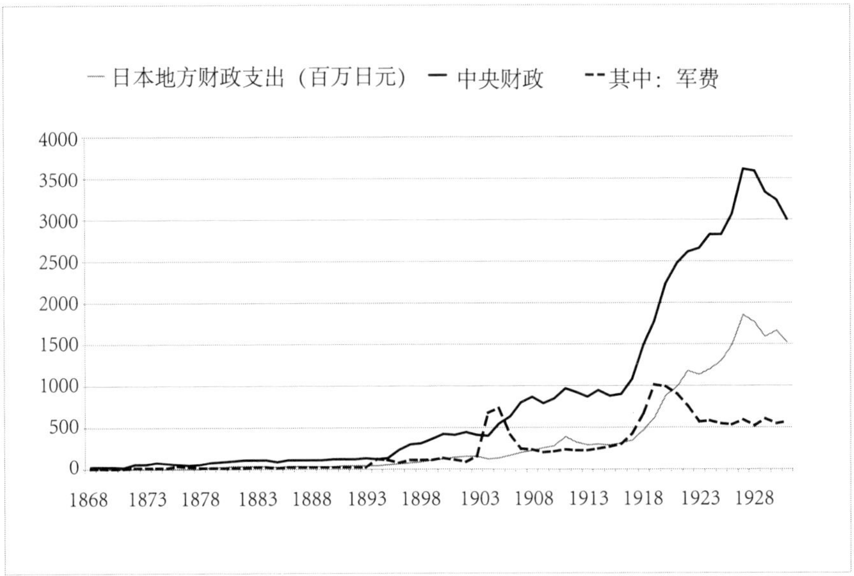

图 2-6 日本财政之处中的军费

（1868—1931 年，100 万日元）

（数据来源：《中国近代工业史资料》①）

政府先吃螃蟹

截至 1931 年，日本国内投资总额 680. 9 亿日元，其中政府投资 194. 3 亿日元，占投资总额的 28. 5%，占到 1/4 以上；同期，政府军事相关投资约 268. 9 亿日元，约占投资总额的 39. 5%，就是说大约 40% 左右的固定资本投向军事和备战。由于军备投资总额 268. 9 亿日元超过政府投资总额 194. 3 亿日元，所以说日本当时的全部政府投资都是军事投资也不过分。

① 孙毓棠编：《中国近代工业史资料》，1957 年版第 1 辑，第 247 页。

“出头的椽子先烂”。开港和工业化初期，即便那些有投资倾向的民间资本，也不可能对军事工业和基础设施项目投资，除了资本规模有限外，这些项目没有国家的支持也不可能成功。于是，明治政府1870年成立“工部省”，率先投资，设立官营铁路、造船、冶金、矿山、电信、灯塔等基础设施建设。特别在缫丝、纺织等行业的“模范工厂”，对民营资本起到了不可替代的示范作用。15年后又因财政吃紧将这些企业廉价转让（官営事業払下げ）给了与政府关系密切的民营企业。其背后，由掌权后的武士阶层对政权、利益群体和军事工业的全盘操控。

图2-7　战争打得是钢铁

（1905年日俄战争中日军使用的巨型炮弹）

（图片来源：日本《每日新闻》社图片）

军国主义就是这样造就的。

在近代工业化投资初期，不论是中国还是日本，都是以国家投资为主导。区别在于，日本是早早地就将经营状态半死不活的官营企业，转给了民营企业经营。而在清末，即便是那些敢于率先吃螃蟹的民间资本，也大多要以“官督商办”的形式出现，因为在官本位的晚清，离开官府的保护，投资不知道什么时候就会遭灭顶之灾，即便投资成功的企业也会步履维艰。在官本位的中国，不是婆婆非要管着媳妇，而是媳妇打着灯笼非要找婆婆来管。

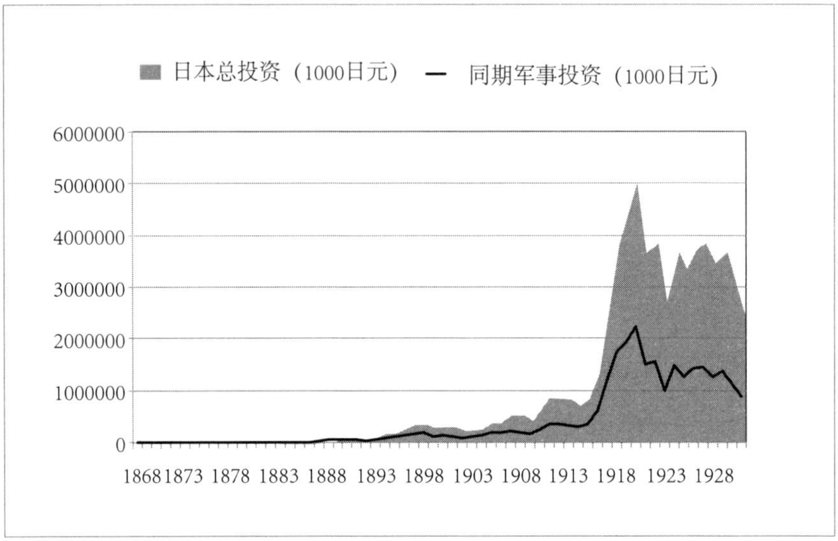

图 2-8 日本 1931 年以前的军备投资

（1868—1931 年，1000 日元）

（数据来源：《明治以降本邦主要经济统计》①）

中日两国在军备和工业化方面的一进一退，决定了甲午战前两国军事实力差距的加大。

军国主义的来龙去脉

决定日本走上穷兵黩武道路的一个重要因素，是原武士阶层在“倒幕”胜利后实际掌握政权。海外扩张野心随军事实力和对外战争收益的增大日趋膨胀。

百姓走投无路会暴动，武士失业自然就会想到政变。明治政府成立前，中下级武士发动的所谓“尊王攘夷”运动，本质上就是他们不愿

① 日本银行统计局编：《明治以降本邦主要经济统计》，並木书房 1999 年版。

放弃职业军人生涯和生活来源的一次武装起义。倒幕运动虽然是明治维新的前奏，但却是一场名副其实的“武士军事政变”。西乡隆盛、大久保利通、伊藤博文、山县有朋等著名维新志士几乎都是下级武士。伊藤博文、山县有朋甚至可能还不到武士的步卒。在樱田门外事变、寺田屋事变的当事人等“过激行动派”的 22 人中，5 人是中层武士、11 人相当于中层（中下层）武士、6 人为下层或相当于下层武士；在偏向变革的西乡、大久保派中，3 人为上层或相当于上层武士、9 人为中层武士、8 人相当于中层武士、2 人为下层武士①。

开港后日本各大名财政实力的下降，到了无以支付武士阶层收入的地步，不得不削减武士的俸禄，或不再支付武士“全禄”，加上外贸扩大后的价格推起，白银大量流入造成的物价上涨，劣币的出现和流行，最终导致武士阶层的收入和经济状况越来越恶化。当时旧武士总数约 40 万人，包括家属在内相当于人口总数的大约 1/10。每年收入 100 石的中级武士，差不多相当于富农，武士的平均收入 35 石以下，也就相当于一般农民的收入。幕府在逮捕反幕活动家下级武士梅田云滨时，发现他家徒四壁，没有任何财产。有些公卿也不得不靠削骨牌、贴伞纸、做牙签或筷子维持家计。“讨幕”核心人物之一的岩仓具视，就不得不利用公卿特权以私设赌场为生。

如果按照“尊王攘夷”的宗旨和方向继续走下去，日本与清末后来的结局不会有什么区别。正是完成倒幕后的日本武士精英，及时认识到历史潮流，审时度势，迅速从“尊王攘夷”转向“尊王仿夷”，才有了日本的“维新”和今天。

当时，明治政府对大名和武士阶层的赎买政策，远比大清光绪皇帝

---

① ［日］服部之总著：《明治維新のはなし・近代日本のなりたち》（《明治维新的故事・近代日本的原委》），青木书店 1990 年版，第 35 页。

在戊戌维新中，突然废除八旗贵族权益的狂妄做法理性和明智得多。

当《征兵诏书》和《征兵谕告》组建政府常备军过程中，断了一部分士族和藩兵的生计，引起他们的强烈不满时，明治政府便以“四民平等”和“改善财政”为旗帜改革（处分）“家禄”制度。1876年（明治九年）8月政府断然颁布《废刀令》，彻底废除士族家禄的同时，发行“金禄公债”。士族们以“债券”方式得到了一笔抵偿金（虽然后来很多人因经营不善而破产，最终沦为与平民或普通劳动者），明治初年政府岁入6000万日元中，家禄支出就多达1804万日元。实际上等于买断了大名和武士阶层，这对稳定明治初期政治格局安定具有决定意义。

士族们丧失了一切收入和物质上的特权后，就始终期望着在向海外的军事扩张中，拾回旧日的地位和辉煌。

能像被称为日本企业之父的涩泽荣一那样，弃武经商，另求生路固然很好，但生意也不是所有人都可以做的来的。在商场上成功，毕竟只是少数精英才能做到，而战场才需要大批善于拼杀的“失业”武士。于是，明治政府推行现代兵役制后，最后留在日本军队中的那些人都是除了战死沙场，别无出路的亡命徒。

在失业和战争的抉择中，武士阶层选择了后者。

那么，在历史上冷兵器时代的历次与日军交锋中，公元663年8月的“白江口之战”；公元1592年明朝出兵援助朝鲜的对丰臣秀吉之战（日本称“庆长·文禄之役”）等，从来占据上风的中国军队，到了甲午年间怎么会败得如此彻底？1868年以后的短短25年间，中日军备投资又是由什么决定的呢？

第三章　惨败：投资规模11倍的宿命

1895年“清日甲午战争”之前，中国和日本几乎在各方面都极为相似。

1853年以前，日本“锁国”230年，中国封海240年，两国同样是长期对外封闭的国家。锁国时代，一个因海难而漂流到俄国的日本渔民，15年后回到日本后按律当斩，只是因为他从西方学到许多科技知识并熟通外语才获得了特赦；同期中国自明末就严格实行“片板不得下海”的海禁政策，同时明令“禁革双桅大船”；有违禁者查出后，不仅船、货一并没收，主犯还要被处以极刑、全家发配充军。从犯也要被体罚。1850—1895年的近半个世纪中，中国推行了自上而下的“自强（洋务）运动”；日本实践了“明治维新”。1861年以前中国被迫开放了11个港口通商。1861年以后又自主开放5个通商港口；日本自1853年开始开放了长崎、函馆等3个通商港口。

在引进国外先进技术方面，不论是电报、电线、邮政、铁路、轮船航运、发行邮票；还是煤、铁、铜矿山；大到纺织厂、兵工厂，小到火柴厂、纽扣厂一应俱全；兴办洋学堂废除八股、兴办洋学和军校、开放女学；设置总理府衙门主管外事、聘请外国军事顾问、建立警察制度；准许报刊发行、建立货币体系、银行和储蓄制度；准许着洋装、讲外语、引进电灯、电话、自行车等等。在效仿西方方面，很难找到日本做了，而中国没做的事情。

那么，甲午战争前日中之间国力的巨大差距，是由什么决定的呢？

工业投资：人均110倍的巨差

1500年（明弘治十三年），中国的人均实际GDP水平600元（1990年国际元），仅比英国的762元低21%，而200年后的1700年中国还是600元，就比英国的1405世界元低了一半以上，但还是高于当时美国的527世界元。只是到了工业革命开始后的1820年，英国的2121世界元就已经是中国600世界元的3.5倍。

但至少在1840年以前，中国以人均GDP为标志的发展水平，还是高于日本，总体国力则应当是日本的10倍。

变化发生在明治维新以后。日本1868—1894年的投资总额6.31亿日元（相当于8.6亿美元），其中政府投资1.63亿日元，占投资总额的25.8%，政府主导型投资模式特征明显；同期，政府相关军事投资约0.65亿日元，约占投资总额的10.3%。1883年以后的《八年军备计划》期间，日本国家岁出军事预算最高曾达31.3%。

日本早期工业化投资的资金来源是：1. 政府30%~33%的高税率，将大量财富集中于政府手中，集中用于政府工业投资，然后再转让给民间经营；2. 开港后在对外贸易中获巨大利益的商人阶层向实体经济的投资；3. 民间资金通过银行等金融机构得到充分周转（特别是地主阶层的财富，如冈山县大原家族的资本运作）；4. 政府通过“劝业银行”、“农工银行”等实施产业扶持政策性投资倾斜。日本银行业的利润率从明治维新10年后1878年的6.7%，持续上升到工业革命完成时期的1904年的16.6%，其中最高为1902年的19.1%。说明同期实体经济利润率的增长，以及银行效率的提高；5. 股票发行和证券业的发达成为重要的投资渠道（如1894年的津岛纺纱厂、1896年的尾张缫丝厂等）。

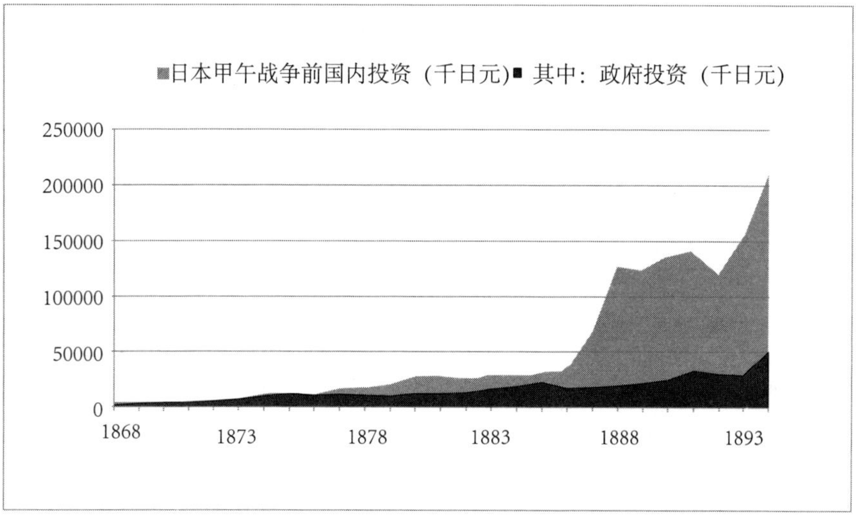

图3-1 日本甲午战争前投资总量

（1868—1894年，千日元）

（数据来源：《明治以降本邦主要经济统计》①；《日本长期统计总览》②）

不难看出，在1886年以后甲午战前的8年中，日本的工业化投资几乎呈几何增长。

而甲午战前中国的工业化总投资概况如下：外商工业投资约2233万美元（2791.4万两）③；官商军事工业投资3425万美元，官督商办企业投资723万美元（含对外借款）；民间投资1389万美元；以上，

① 日本银行统计局编：《明治以降本邦主要经济统计》，並木书房1999年版。

② 日本统计协会编：《日本长期统计总览》，1988年版。

③ 孙毓棠编：《中国近代工业史资料》（第一辑下册、第二辑上册），科学出版社1957年版，第247页。

1840—1894 年的中国国内固定资本投资，总计约 7770 万美元[①]。汇率（中国银元/美元）：1894 年 = 1. 25/1 美元；1914 年 = 1. 65/1 美元[②]。

就是说，仅 1868 年明治维新至甲午战前的 1894 年，日本工业化投资总量 8. 6 亿美元（相当于 6. 31 亿日元），是中国 0. 77 亿美元的 11 倍。那么，同期日本的人均工业化投资则是中国的约 110 倍以上。

中日间投资总量的天壤之别，奔定了甲午战前两国经济实力的巨大差距。于是，在诸多领域日本的保有量几乎都是中国的 10 倍。

例如，铁路运输决定着战争期间的后勤运送能力。中国的铁路建设，表面上到 1881 年 11 月全长 9. 7 公里的“唐胥铁路”竣工，通车运行。1887 年延长 35 公里至芦台，1888 年再延长 130 公里，展筑至天津，更名“津唐铁路”；1894 年，天津至山海关间全长 127 公里的津榆铁路通车等，听起来挺热闹，可 1881—1894 年的 13 年，清国本土修建铁路仅 300 多公里，只是日本同期修建铁路公里数的大约 1/10。日清甲午战前，日本国内铁道线全长已达 3200 公里，铁道网延伸到全国各主要城市。本岛的日本铁道、东海铁道、山阳铁道线贯通东北青森至广岛的大半个日本，国铁、私铁的支线已经与各道、县连接。共有车头 417 台、客车 1550 辆、货车皮 5583 辆。1894 年 6 月—1896 年 3 月间，铁路共发送出征人员 24 万人，马 3. 6 万匹；送还回归人员 15. 1 万人，马 2. 1 万匹。

到甲午战争后的 1899 年，大清修建铁路公里数 829 公里，仅相当于日本 5953 公里的 13. 9%。比日本 1887 年的 956 公里还要少。若从国

① 许涤新等主编：《中国资本主义发展史》第二卷《旧民主主义革命时期的中国资本主义》，人民出版社 1996 年版，第 135 页。

② 日本银行统计局编：《明治以降本邦主要经济统计》，並木书房 1999 年版，第 319 页。

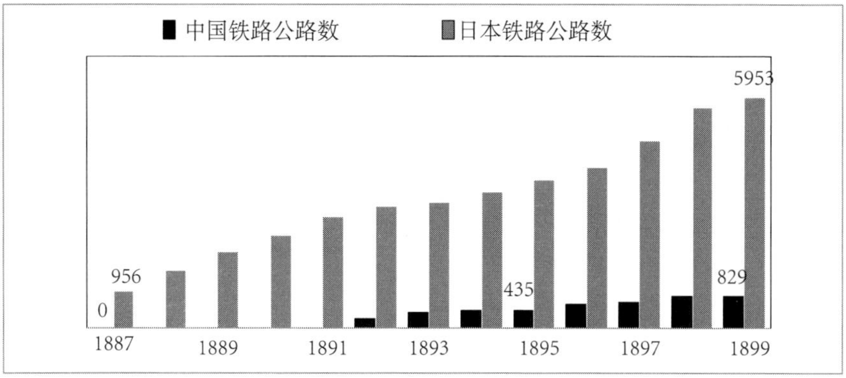

图 3-2　中日铁路公里数比较（km）

（数据来源：《**アジア・アフリカ**・大洋洲历史统计：1750—1993》①）

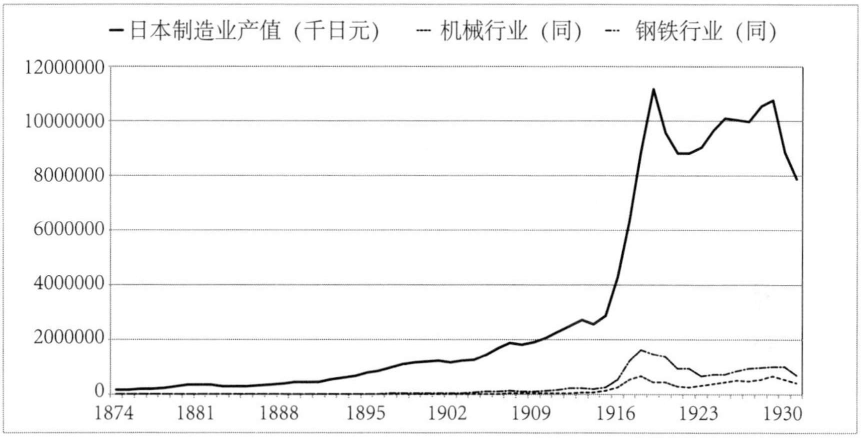

图 3-3　日本制造业的发展（1874—1930 年，千日元）

（资料来源：《明治以降本邦主要经济统计》②）

土单位面积铁路公里数比较，差距更为巨大。

日本的制造业产值，从 1874 年的 1.59 亿日元，增加到甲午战前

① ［英］B. R. 米切尔编著，北村甫译：《アジア・アフリカ・大洋洲历史统计：1750—1993》（《亚洲・非洲・大洋洲历史统计：1750—1993》），东洋书林 2002 年版。

② 日本银行统计局编：《明治以降本邦主要经济统计》，並木书房 1999 年版。

1894年的6.58亿日元，增长了3.14倍。同期，纤维行业从1874年的0.41亿日元，增加到1894年的2.88亿日元，增长了6.02倍；钢铁行业产值从1874年的0.018亿日元，增加到1894年的0.035亿日元，增长了近1倍；机械行业从1874年的0.034亿日元，增加到1894年的0.140亿日元，增长了3.11倍。

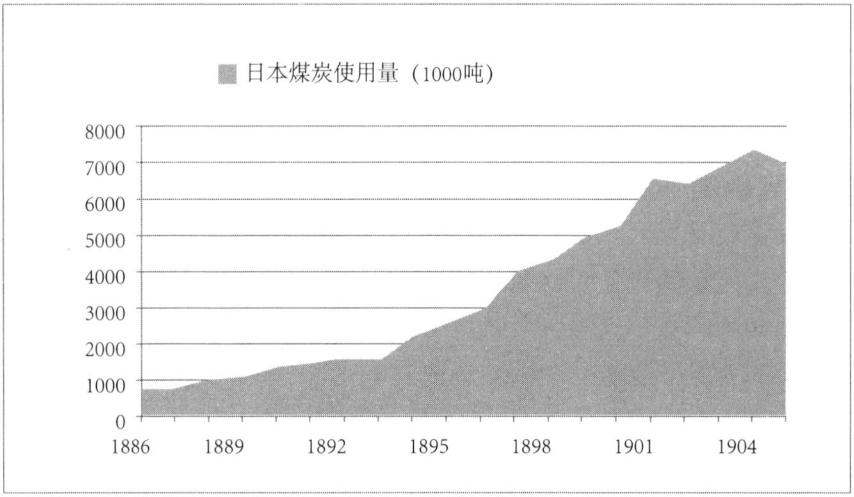

图3-4 日本工业化时期煤炭使用量

（数据来源：《明治以降本邦主要经济统计》①）

日本纺织业的纱锭数，1890年27.8万锭是中国4.4万锭的6.3倍；甲午战前的1894年，日本的53.0万锭，是中国6.5万锭的8.1倍。

总之，甲午战争前日本工业化总投资8.6亿美元，约为中国0.77亿美元工业投资的11倍，早已注定了战争胜负的宿命。

英国、美国、日本、大清帝国等4国早期工业化投资的总量比较如图3-6：

---

① 日本银行统计局编：《明治以降本邦主要经济统计》，並木书房1999年版。

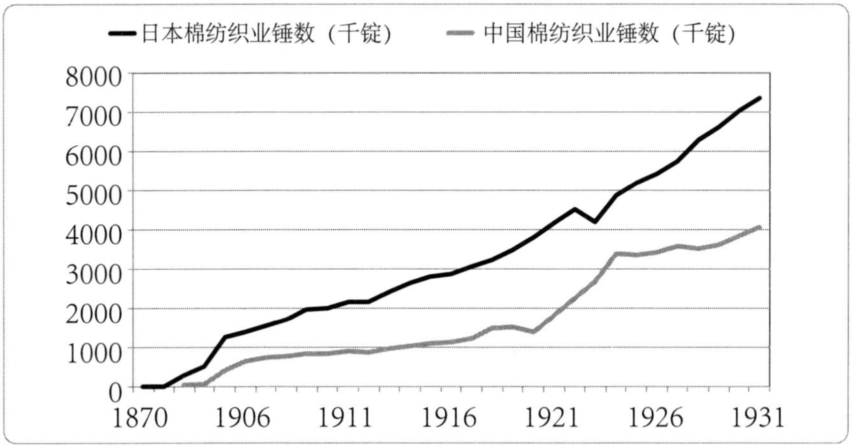

图 3-5　中日棉纺织业纱锤数比较

（1870—1931 年，1000 锭）

（数据来源：《明治以降本邦主要经济统计》①）

从英、美、中、日 4 国早期工业化的投资规模比较不难看出，虽然日本的 32.2 亿美元比美国的 85.7 亿美元，和英国的 60.0 亿美元还有相当差距，但仍然远远超过了中国（1840—1919 年）总投资 4.4 亿美元的 7.3 倍。

工业化投资的规模，除了在军事工业等方面为扩军备战提供物质基础外，更重要的是它将为政府军费支出提供税收和财力资源。

① 日本银行统计局编：《明治以降本邦主要经济统计》，並木书房 1999 年版。

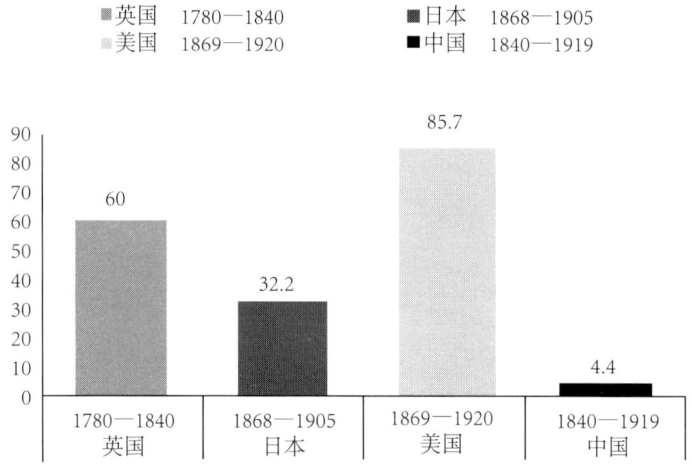

图 3–6 英、美、日、中工业化投资比较

（亿美元，各年实际汇率）

（数据来源：《日本长期统计总览》①；《明治以降本邦主要经济统计》②；《**イギリス**历史统计》③；《中国近代工业史资料》④；《中国资本主义发展史》⑤；《外国在华投资论》⑥；《晚清财政经济》⑦；《外商史》⑧ 等）

“巧妇难为无米之炊”，曾国藩、左宗棠、李鸿章、张之洞等洋务派大臣，即便有三头六臂，也无法绘制中国近代化的“富春江”图。

中国甲午战争的惨败，早在战前就注定了。

---

① 日本统计协会编：《日本长期统计总览》，1988 年版。

② 日本银行统计局编：《明治以降本邦主要经济统计》，並木书房 1999 年版。

③ ［英］B. R. 米切尔编；中村寿男译：《英国历史统计》，原书房 1995 年版。

④ 孙毓棠编，汪敬虞编：《中国近代工业史资料》第 2 辑，科学出版社 1957 年版。

⑤ 许涤新等主编：《中国资本主义发展史》第二卷《旧民主主义革命时期的中国资本主义》，人民出版社 1996 年版，第 135 页。

⑥ ［美］雷麦：《外国在华投资论》，商务印书馆 1927 年版。

⑦ 周志初著：《晚清财政经济》，齐鲁书社 2002 年版。

⑧ 王胃泉，吴征远等著：《外商史》，中国财政经济出版社 1996 年版。

表 3-1　清末早期工业化投资估算

	汇率	外商投资	官商投资	民间投资	
	（两/美元）	万美元	万美元	万美元	
1840～1894	1.25	2220	3425	1389	[官商军工]
	1.25		723		[官督商办]
1895～1918	1.60	14473	2595	7587	
1895～1913	1.60	11563			[外商不动产]
合计		28256	6743	8976	43975

（1840—1914年，万美元）
（数据外源：《旧中国的资本主义生产关系》①；1894年以前的外商工业投资，据孙毓棠先生估算约2791.4万两（约2233.1万美元）②；《外国在华投资论》③；《晚清财政经济研究》④；《帝国主义在旧中国的投资》⑤ 吴承明，人民出版社1955年版；其中，1895年至1913年的外商非企业房地产外商投资为27000万美元）

当年，中国国内确有“实业救国论”风行一时。甲午的战后陈炽呼吁：今后中国的存亡兴废，“皆以劝工一言为旋转乾坤之枢纽”（《续富国策·劝工强国说》）；到20世纪初，张謇认为：“救国为目前之急……譬之树然，教育犹花，海陆军犹果也，而其根本则在实业。”《张季子九录·政闻录·对于储金救国之感言》。很遗憾，这些仁人志士“实业救国”的大声疾呼和卓绝实践，都是在甲午惨败之后。甲午战前，不论中国的知识精英、士绅，还是商人，眼中只有“天”和“地”——权力和土地，对实业和工业化几乎不屑一顾。

决定历史进程的，往往不仅是“质”（如爆发某次“革命”），而

① 旧中国的资本主义生产关系编写组：《旧中国的资本主义生产关系》，人民出版社1977年版。

② 参见孙毓棠编：《中国近代工业史资料》（第一辑下册、第二辑上册），科学出版社1957年版，第247页。

③ [美] 雷麦：《外国在华投资论》，商务印书馆1927年版。

④ 周志初著：《晚清财政经济研究》，齐鲁书社2002年版。

⑤ 吴承明：《帝国主义在旧中国的投资》，人民出版社1955年版。

且是“量”（如资本积累的规模）。例如，比西方列强的炮舰几乎同时打开了中国和日本的大门更重要的是：大门分别被打开了多大？

至此我们不禁会问：曾经缔造了“康乾盛世”的乾隆皇帝，在1795年还对工业革命中蒸蒸日上的大英帝国马嘎尔尼使团不屑一顾，在贸易利益面前坚持“农为本、商为末”的大清帝国，工业化投资规模怎么会比日本差了这么多？

清政府为什么没能像日本明治政府那样，引领并实现中国的工业化？中国的钱都到哪去了呢？

清廷：无奈的“超穷政府”

中国清末的税赋到底是轻了，还是重了？史学界一直存在争论。

如果说中国的税赋轻了，就很难解释：税赋既然这么轻，为什么还会发生如“太平天国”那般造成7500万人丧生的超大规模的农民暴动？

如果说中国仅仅5%的税赋重了。1834年（道光十四年），中国人口总数4.01亿人，GDP 28.04亿两（人均产值6.99两），中央岁入1.2亿两，地方税收0.60亿两（相当于中央岁入的50%），税赋总计1.80亿两，总税率6.42%，人均纳税0.45两，平民人均纳税8.02%。耕地面积7.56亿亩（咸丰元年），亩产217.3斤，粮价0.0166两/斤（道光年间大米）；税收平均0.039两/亩（2.35斤/亩=1.1%）；如果按照其他统计方式计算，1894年的总税率甚至只有约1.9%[①]，那日本同期30%~35%的高税率麾下，百姓是怎么活下来的呢？

① 周志初著：《晚清财政经济研究》，齐鲁书社2002年版，第259页。

清末“税制”死结何在？

1712 年（康熙五十一年），康熙皇帝宣布以康熙五十年丁册为准，“滋生人丁，永不加赋”，此后“勿增勿减，永为定额”。此举虽然奠定了“摊丁入亩”（将人头税“丁银”按亩分摊到田赋征收）的基础，体现了康熙大帝“民为邦本，勤恤为先”的仁厚治国，也促进了当时的人口增长和垦荒。但是，此后也让中国人口翻番，从 2 亿猛增到 4 亿，人均耕地和农民人均收入锐减。在 1868 年以前的 100 年中，人口从 2 亿增长到 4 亿，人均耕地从 1685 年（康熙二十四年）的 7. 25 亩/人，减少到 1766 年（乾隆三十一年）的 4. 53 亩/人和 1834 年（道光十四年）的 2. 84 亩/人。清末中国人口增长速度之快，以致即便在大规模国内战争（太平天国）和饥荒使人口大量下降之后，仍然会如湖北应山等县的“家有旷夫，地无闲田”。（同治《应山县志》卷十五）

表面上，“摊丁入亩”是向土地拥有者征税，但却埋下了无地农民不得不向地主缴纳高额地租，而地主却可以偷税漏税的巨大伏笔。就是说，占农户 1/3 的佃户向地主缴纳 50% 的地租，而地主只向国家缴纳 5% 的税赋。于是，相当于农户总数 1/3 的无地农户收入的 45% 的巨额财富，都截留到了地主口袋里。而且，地主士绅还利用与官府、官吏千丝万缕的瓜葛，千方百计（如“包税”）地逃税避税。[1]

清末中国的几乎所有社会问题，都可以从这里找到源头。

---

① 本节数据来源：张仲礼著：《中国绅士的收入》，上海社会科学院出版社 2001 年版；李文治，江太新著：《中国地主制经济论》，中国社会科学出版社 2005 年版；赵冈、陈钟毅著：《中国土地制度史》，新星出版社 2006 年版；周志初著：《晚清财政经济研究》，齐鲁书社 2002 年版；安格斯·麦迪逊著；金森久雄监译，政治经济研究所译：*The world economy*（《经济统计看世界经济 2000 年史》），柏书房 2004 年版。

日本在1873年《地税改正发》颁布之前，地租情况与中国雷同。即便在明治维新初期（1883—1884年），日本无地农民的比例并不比中国低，佃耕地主土地的面积占耕地面积的35.5%；佃户在总农户中的比例约20.9%。到了工业革命完成后的1908年，这一比例反而有所上升，佃耕地主土地的面积占耕地面积的45.5%；佃户在总农户中的比例约27.2%。

但与中国相比，社会矛盾和贫富差距没有被拉大到极端程度的一个重要原因，是日本1873年开始实行的地价地租，使佃耕土地和地租的比例，处于一个相对合理的较高（相当于总税率超过30%）水平，且地主较难作弊逃税。于是，明治末期以后日本的大地主和小农户同时逐渐减少；而中等农户不断增加，成为当时社会安定的重要因素。

“绝对贫穷”的佃农 &“绝对富有”的地主

中国清末最重大的经济和社会问题，就是无地农民的“绝对贫穷”。同时，晚清政府长期容忍无地农民的数量不断增加，并达到1/3以上的较高水平。

佃农（或贫雇农）的基本生活状况，到底窘迫到何种程度，迄今为止似乎还没有人从宏观的角度进行过权威的“度量”，因为这个问题过于复杂，并缺少统计数据。但不能弄清这一点，几乎就无法对中国清末的社会状况进行最基本的判断。

据估算，当时中国的人均基础代谢量（维持生存最低消耗：口粮、生产成本、衣着、赋税等）折合粮食约为：516斤/年·人[①]。即便按照

---

① 王家范、谢天佑著：《中国封建社会农业经济结构试析》，《中国农民战争史集刊》第三辑；严立贤著：《中国和日本的早期工业化和国内市场》，北京大学出版社1999年版，第180页。

1887 年 GDP 总量 33.28 亿两、人均 GDP 8.32 两/年计算，只要无地农户租种地主的土地，按照 5∶5 分成交租的话[①]，无地农民每人到手的粮食，每年只有 250 斤。当时欧洲的粮食消费量约 335 升/年·人；日本约 3 合/天·人、一石/年·人。即便按照清中期人均成品粮 350 斤计算，当时的平均家庭收支也有 -5.8% 的缺口。就是说他们“汗珠子砸脚面”辛辛苦苦一年下来，最多只能获得半年的口粮。所以，无地农户会一直处于半饥饿或负债累累（借入口粮）的半破产状态。

中国佃户的比例是一个非常关键的指标，它标志着中国农村绝对贫困人口的比例，租佃土地占 30% 以上这个数字，应当是比较保守的估算。明朝万历九年，某地登记的 500 坵天地中，有 34.4% 是自耕；清朝康熙十五年，某地清册 668 坵田地，24.7% 是自耕；顺治某地丈量登业草册 103 坵田地，53.4% 是自耕地等仅有的相关信息。以及 1930 年“金陵大学”和民国政府的“土地委员会”对河北、江苏、湖北、四川、广东、云南、宁夏等 21 个地区的调查，全国平均租佃耕地面积大约占 28.7%（金陵大学）~30.7%（土地委员会）。且，民国时期自耕农的比例高于明清时期。[②]

按无地农户 1/3（佃农或贫雇农）计算，中国清末就至少有约 33% 的农村人口（1.32 亿人）处于这种饥寒交迫的状态。于是，只要李自成揭竿而起，至少会有 1/3 的贫雇农会冒死随行，因为反正是生不如死。

这里的所谓“绝对贫困”状态，是指中国的无地农户（佃农或贫

---

① 李文治：《中国近代农业史资料》第一辑，周志初著《晚清财政经济研究》，齐鲁书社 2002 年版，第 55 页。

② 赵冈、陈钟毅著：《中国土地制度史》，新星出版社 2006 年版，第 264 页；［美］吉尔伯特·罗滋曼主编：《中国的现代化》，上海人民出版社 1989 年版，第 431 页；周志初著《晚清财政经济研究》，齐鲁书社 2002 年版，第 55 页。

雇农）一直处于半饥饿、无温饱，甚至无法维持基础新陈代谢的状态。他们不得不向地主借贷举债。20 世纪 20 年代初期，江苏地区收支亏空的农户比率约在 47.9%[①]，之后又必须用高利贷来偿还。这样会使他们的口粮进一步减少，并形成恶性循环。最终，甚至连基础代谢量的一半都维持不了，以致他们衣不遮体、食不果腹，生存状态越来越糟。

而且，清末人口总数的迅速膨胀，耕地面积的有限增加，决定了无地农户希望通过垦荒、造田，或通过更多租种地主土地的方式，来改变这种绝对贫困状态的努力，在经济和资源总量上都不可能。所以，当 20 世纪 30 年代中国共产党在延边地区提出：农民迁入后可以自主开荒的政策后，立即受到贫苦农民的拥护，吸引了很多周边无地农户迁入陕西延安周边地区。

极度的贫穷，甚至使广东沿海的贫民会去哄抢英国使团从船上扔到海里的死猪死禽，“洗干净后腌在盐里”，而“中国官员对于吃饭真是过于奢侈了。他们每天吃几顿饭，每顿都有荤菜许多道”，黄河下游贫农的日常食物，还必须掺入野菜，甚至树皮。

那么，自耕农的情况如何呢？

即便是自耕农，按照一家 5 口计算（耕地 2.5 亩/人均），每年平均总收成也不过 2713 斤，扣除税赋每人约 25 斤，所余人均 517 斤将达到每人 516 斤的基础代谢量。就是说农民即便自己有地，也仅仅能够勉强糊口，绝无购买进口洋布的奢侈。

问题是，在半个中国的江南人口聚集的主要省份，人均耕地远远达不到 2.8 亩/人均的水平。如果按照人均 1.9 亩计算，这就意味着大部分自耕农实际上也处于温饱水平以下，可能会有 25% ~35% 的基础代

① ［日］长野郎著：《中国土地制度的研究》，中国政法大学出版社 2004 年版，第 263 页。

谢缺口。

自耕农的这种勉强维持生存的状态，不能碰到任何歉收和灾害，而中国 1840—1910 年，各种自然灾害多达 2000 次。稍有连年风不调、雨不顺，就会因借债而失去土地，沦为无地农民。破产后的自耕农不断变为新的佃户，他们失去的土地，又会被纳入地主阶层新的财富，所以中国明朝以后佃户比例在不断上升。

在人多地少恶性循环的巨大压力下，中国作为人口超级大国，比其他任何国家都有着对土地的更多渴望，土地就是命根子。于是，占有更多土地的强烈欲望便成为一块强力磁铁，吞吸了中国绝大部分的财富和投资资源，截断了向工业化投资的血管。

安徽的徽商聚敛财富后，几乎会全部用于建造深宅大院和家族宗祠，无休无止；山西晋商发财致富后，会到江浙一带买地建宅，隐姓埋名，为的是让子孙后代可以农民身份参加科举，世代为官、出人头地。这与日本幕末商人在赢得财富后，开始用金钱从武士那里买到武士身份，冠姓佩刀的做法同出一辙。

理由很简单，在“官本位”的中国社会，“富家不用买良田，书中自有千钟粟。”（赵恒《励学篇》）如清末普通官吏的正常俸禄，仅相当于实际收入的 1/16。知县的法定收入年仅 1900 两，而他的额外收入相当于国家税收的 25%。多达每年 3 万两[①]。而且，其他现金财礼和贵重礼品也属于正当收入。地方官吏的“收礼”合法化，成为清末中央财政收入的巨大的漏洞。

---

① 张仲礼著：《中国绅士的收入》，上海社会科学院出版社 2001 年版，第 28 页。

租税悖论：表面平等中的不平等

中国约占总人口2%的地主士绅阶级，通过租赁土地时的“租税差”（50%地租-5%税赋=收成45%的地主收入），获取了相当于国家税收2.7倍的财富。如1834年（道光十四年）GDP 28.04亿两，总税收1.80亿两（中央税1.2亿两+地方税0.6亿两），总税率6.42%计算，地主阶层截取的税收至少有4.8亿两之巨。

问题出在地租的定价权上，当从明朝中期开始的土地兼并、官田比例提高、人口增加等因素的影响，使人多地少。晚清全国虽然人均耕地约2.9亩，但主要产粮区的江南主要省份的人均耕地面积，都大大小于这一水平：江苏=1.90亩/人、安徽1.21亩/人、浙江1.77亩/人、江西1.90亩/人、福建0.98亩/人、广东1.67亩/人等①。愈演愈烈时，地租的定价权自然落在了地主手里。所以才有《暴风骤雨》中赵玉林“辛辛苦苦干一年，到头来还欠地主一百元”的哭诉。

再看甲午战前的1894年，按照GDP约42.49亿两，总税收3.04亿两（中央2.17亿两+地方0.87），总税率7.15%计算，地主阶层截留的税收会高达8.2亿两。仅此一年这笔钱即便打50%的折扣，也可以购买北洋水师的旗舰“定远”号铁甲舰（“steel battleships”造价620万马克=340万两白银）120艘；或者给慈禧太后过68次生日（600万两/次）。

而这还仅仅是1894年一年的国税减收。如果计算1864（平定太平天国后）—1894年这30年税收总体减收的钱，这笔钱不应少于45亿

---

① 李文治，江太新著：《中国地主制经济论》，中国社会科学出版社2005年版，第271页。

两（增收 1.5 亿/年均）。金额之大至少可以组建 75 支北洋水师。

即便这些钱全部作为税赋，也仅会使 1864—1894 年的税率提高约 3.5%～4.5%，清末的总体税率也不会超过 10%～11%。就是说，即便税率如此提高，也会比同期的日本税率至少低 50%。如果中国清末的实际税率，能够达到同期日本约 30% 的水平，清廷的岁入也将是一个天文数字。按照中国清末耕地 8 亿亩，地价 10 两/亩［河北束鹿嘉靖二十年（1815 年）地价约 28～34 两/亩（$306m^2$）；山西晋中地区 6～17 两/亩、税率＝地价 2.5% 计算，嘉庆二十年清廷岁入不应少于 2.4 亿两，而不是实际岁入 0.8 亿两（“洋务运动”初期的同治年间的税收还会略低于这一水平）］。清末物价：一斤猪肉（约 1.2 市斤）二十文钱。工资水平：常雇耕作夫年薪 150 吊；春播临时日雇 780 文；夏忙临时日雇 1 吊 120 文；秋收开镰临时日雇 1 吊 120 文；冬季农闲临时日雇 500～600 文①。

按照 1863 年（平定太平天国农民暴乱后）至 1894 年，30 年间中国 GDP 总量 951 亿两计算，如果清末税率②即便可以提高到相当于日本同期一半的 15%，且岁入增收部分的 50% 用于工业化投资的话，当时中国的工业化投资至少会增加 43 亿两，大约相当于 34.4 亿美元，这会比 1840—1894 年中国实际工业化投资总量的 1.1 亿美金（1893 年汇率：1.25 两/1 美元），多出 31 倍。

实际上，清末 5% 的税率不仅低了，而且是超低！如果清政府的税率从 5% 提高到日本的 30%，仅 1893 年一年税收就可以增加 5000 万两，不仅可以为慈禧太后过一个体面的生日，还可为北洋水师补充弹

① 王倩：《清代至民国时期晋东南地区土地价格的变化趋势及其原因分析》，华北水利水电学院学报第二十二卷第 1 期。

② 清中央和地方政府实际财政收入占生产总值的比重应为 4.5% 左右，与乾隆中期大致相近。参见周志初著：《晚清财政经济研究》，齐鲁书社 2002 年版。

药、维修舰船、增设速射炮，剩下的钱还够再购建一支北洋水师。

明治维新以后，日本总体税率一直保持在30%以上，而明治早期最大的一次农民暴动，人数不过5000人（相当于人口总数的万分之1.7），区域仅限于一个县；这与跨越17个省、攻占600余城的太平军农民暴动相比，简直不足挂齿。这也许可以作为旁证，清末农民问题的根源不在于税率过高。

为什么晚清政府不敢提高税率呢？因为，在晚清的几乎所有最高统治者的脑子里，都会担心提高税率会进一步增加农民负担，导致“官逼民反”。如此之低的税率还会爆发造成14年间7500万人丧生的太平天国运动，已经让他们闻风丧胆。于是，清政府就陷入了恶性循环的无底黑洞：“超低税率—政府虚弱—对外战败—对内萎缩—税制改革停摆……”

其实，农民之所以舍命造反，并非国家的税率太高，而是被地主盘剥后，再低的税负也缴不起。

偷税漏税的无底洞

中国清末税赋方面的不均现象相当严重。实际上地主阶层向国家缴纳的税负，远远低于5%的水平。如冯桂芳在《均赋议》中所述：“今苏属完漕之法，以贵贱强弱为多寡，不唯绅民不一律，即绅与绅亦不一律，民与民亦不一律……绅以力免，民以贿免，而其为不完则同。”[①]就是说，越是有钱有势的地主、绅士，就有可能享受更低的税赋，而既没有实力又没钱行贿的平民百姓税赋会最重。这与英国中世纪，地位越

---

① 参见1853年校份庐抗议，第229页。

高税赋越重的等级税制，形成鲜明对照。

于是，造成清末税收枯竭和官场腐败的另一个重要根源，就是清末官吏的“收礼合法化”制度。这意味着，只要纳税大户给地方官吏“送礼”的金额，超过这些官吏抽取国家税收25%的合法额外收入，就可能出现官吏和地主联手逃税。地方官吏的额外收入与中央税收挂钩本来是为了保障国税的征缴，而收礼合法化却让这一初衷化为乌有。例如，只要某地主愿意以“送礼”的形式，给知县相当于国税50%的贿赂，就至少可以少缴50%的国税，而该知县的个人收入也会比原来相当于国税的25%的水平增加一倍，而国家税收却要损失100%[①]。

“诸子均分”的磨盘

同时，“诸子均分（分户）继承制”像一个巨大的磨盘，将中国的社会财富不断分解后再重新组合。那些在地主手中积攒起来的社会财富，也会在中国的社会结构中不断被碾碎。它让佃农变得越来越贫穷的同时，又不断将大地主分割成小地主。由此循环往复，中国的家族资产总是在三代之内灰飞烟灭，资本原始积累也就随之化整为零了。诸子均分继承制，至今仍然是华人家族企业无法做大的重要原因：据20世纪华人富豪榜福布斯报道，包括李嘉诚、王永庆、郭鹤年等在内的华人财阀的总资产为323.2亿美元，还不如韩国三星集团一家的480亿美元多。在世界企业排名中的12家亚洲财阀，有8家是韩国企业，总资产达1464亿美元，是亚洲华人财阀资产总额的4.5倍[②]。“诸子均分制”，成为中国大企业规模扩张的屠宰场。

---

① 张仲礼著：《中国绅士的收入》，上海社会科学院出版社2001年版，第28页。

② ［日］井上隆一郎编：《亚洲的财阀和企业》，三联书店1997年版，第4页。

相反,“长子继承制”让日本至今拥有“百年企业”22219 家，1000 年以上历史企业 7 家，超过 500 年的 39 家，超过 300 年的 605 家。在全世界 200 年以上的 5586 家企业中，日本的 3146 家占了近 60%，远多于第二位的德国 837 家。同时，大型企业集团有很多也是家族企业。这对加快积累速度，加大并维系积累规模相当重要。

对专制和独裁的大清帝国而言，所有希望得到土地的人——不管农民、商人、贪官还是买办，即便你通过合法手段得到了土地，也会因为触犯了国家权威或官方而得而复失，因为“普天之下莫非王土”。于是，土地越是稀缺，官本位就越是稳固。而且，官僚主义和贪污腐败等后遗症，即便百姓深恶痛绝，只要其危害造成的破坏强度小于土地（财富）的吸引力和中央集权的约束力，就很难对官本位构成威胁。因为，只有仕途稳固，才是财富的根本保证。

中国的超低税率，造成了清末“**两头穷、中间富**”——朝廷和佃农超穷、地主超富的罕见格局——国家成为超穷政府、无地农民穷得叮当响成为超穷民众。政府拿什么钱扩军备战，又怎么可能打赢甲午战争？

耐人寻味的是，地价地租作为明治维新成功的重要保障，早在明治政府成立 5 年后的 1873 年就颁布了《地税改正法》，将地税税率定为“土地价格的 3%”。地价地税虽然不能彻底解决地主与佃户的贫富差距，也不能完全改善佃户的收入和窘境，但却可以确保国家高额税收的长期稳定，保障了富国强兵的财政资源。日本历史上的税率一直不低，大化改新后实行租、庸、调（徭）制：“租”约 3%（得到口分田的农民每年缴纳田租每段土地稻二束二把，大约相当于收获量的百分之三）；“庸”每年到京城服役 10 天；“调”是征收一定数量的地方土特产品，例如丝绸、生丝、棉布、海产品等；加地方“徭役”每年服役 60 天。总起来计算，应当不少于 25%，而且高地方税率实际上意味着一大部分财富留在了“大名”（相当于地方政府）手中，所以才有“萨长土肥”等强藩。对百姓而言，税制改革不过是税被谁拿走了而已，只要总纳税水平不变或降低就不会不满。所以对明治维新后的高税率，日本百姓并没有觉得过于离谱。其间，直到甲午战争的 1894 年中间有 21 年，到清朝灭亡的 1911 年间隔有 38 年，清廷为什么没有借鉴并变革租税法呢？

“税改”有这么难？

那么，与日本隔海相望，国情相仿的中国，至少在 1873—1894 年的 21 年时间里，许多方面都在借鉴和效仿日本，为什么唯独没有接纳日本的税制改革呢？

道理十分简单，中国的高级官僚阶层，几乎全部来自大地主或士绅家庭，出身贫寒者凤毛麟角。在没有义务教育和学校的时代，那些普通民众的孩子，从小就不可能像富家子弟那样，高薪聘请名师单独教授，或进入学费昂贵的私塾深造。其结果，科举高中者，多为富家子弟——大地主的后代。

于是，在决策官僚层与地主阶层之间就存在着割不断的脐带关系。这就决定了，直到 1912 年孙中山提出实行“地价税”以前，清廷几乎没有哪一个大地主阶层的孝子贤孙，会在地税改革方面挖自己的祖坟。

相反，日本明治维新后能够迅速为地价地租制度改革立法，主要是那些刚刚实际掌权的中下级武士，与地主阶层并没有更深的利益瓜葛，包括西乡隆盛这些最早主持当时改革政策出台的日本政治家，几乎都是武士出身的军人，与地主阶层没有盘根错节的利益血脉。在 1871 年 11 月至 1873 年 9 月“岩仓使节团”出访欧美（大使：岩仓具视；副使：

木户孝允、大久保利通、伊藤博文、山口尚芳等）的近两年时间里，西乡主持“留守内阁”期间完成的重大制度变革有：1. 府县整合（由200多个大名最终并72为3府县）；2. 陆军省和海军省的设置；3. 学制制定；4. 公布国立银行条例；5. 采用阳历；6. 布告《征兵令》；7. 解禁基督教；8. 颁布《地租改正条例》。在当时相当闭塞的环境条件下，没有出国考察和学习经验，并不具有丰富变革经验的日本军人政权的政治家们，完成这么多如此先进的重大变革之难能可贵，怎么评价都不过分。

为“科举”鸣冤

在苦寻中国与日本的区别时，许多学者都会强调中国“科举”的危害，如《日本论》作者戴季陶先生、《中国人史纲》作者柏杨先生、《中国科技史》作者英国学者李约瑟先生等。他们主要指责科举大兴八股，制造了官僚主义和僵化、古板、迂腐，甚至导致贪污腐化，最终远离“科学”[①]。

其实，近代中国的百病缠身与科举制度并无太大干系。同理，明治维新的成功，也与日本没有科举制度无关。

日本从2000年前全面效仿并引进中国先进文明时起，就唯独没有采纳中国的“科举制度”。这不是科举有什么弊端和缺陷，也并非“科举制度”会招致平庸和腐败，而是对封建制度下的人口小国日本而言，科举成本太高、不堪重负，完全没有必要。

科举制度，不过是超级人口大国中央集权体系的一个副产品。没有

① ［法］杜赫德：《中华帝国全志》；［美］罗兹·墨菲（Rhoads Murphey）：《东亚史》，世界图书出版社2012年版，第201页。

科举，庞大的官僚体系无法有效地定期遴选人才。日本没有科举，主要是因明治维新以前日本是一个典型的，由 200 多个大名分别管理的典型封建制国家，每个大名平均掌管大约 10 万人口，根本没有必要建立中国式庞大的金字塔型官僚体系。

且，在成本上封建国家也无力负担科举和管理体系的成本重负。法国路易十四 1661 年开始执政时，他身边只有自己指定的 6 位大臣，因为当时的法国人口不过约 1500 万人，最多相当于中国的一个小省。1648 年组建的"德意志神圣罗马帝国"，是由 314 个邦国构成，按照约 1000 万人口计算，每个邦国的平均人口只有 3 万人，最多相当于中国"刘文彩"、"祝家庄"水平的大地主庄园。

英国 13 世纪 60 年代召开第一次国会，扩大的是封建领主（庄园主）的势力和话语权，这对于一个规模不过 500 万人口的英国而言是可行的，因为这种议会和宪政制度，差不多相当于是在管理中国的一个县。

直到 1500 年（明弘治年间）整个欧洲的人口不过 610 万，仅相当于中国当时 1 亿人口的 6%。而太平天国运动后，中国社会上光举人就有 150 万人、秀才 300 万人，再加上现役的"官"和"吏"，总数几乎已经超过工业革命前英国的总人口。英国总面积 24.4 万平方公里，仅相当于中国领土的 1/40；1760 年英国人口 5140 万，为中国人口的 1/13。

让中国"官本位"经久不衰的，是中国超级庞大的人口规模。正是由于科举和中国金字塔型的庞大官僚管理系统，才可能维系这样一个"人类智慧不能想出比中国政治还要优良的组织"（马嘎尔尼 1792 年语）。其背后自然少不了暴力和强权。

官僚的腐败源于权力，而权力又会随着官僚体系的庞大而同步增强。当权力可与金钱交换时，买官卖官、考试作弊、行贿受贿等腐败也就会等比滋生。但官僚主义并非中国的特产，有官僚的地方都有官僚主义。因此，效率低下、拖拉敷衍、铺张浪费、唯命是从等是官僚制度的普遍现象，并非科举之过。中国的问题不是官僚主义，而是官本位。

中国官僚体系的特征，是他的超大规模化。而官僚系统的规模，又与人口总量密切相关。中国人口从公元前230年战国后期的0.3亿人（公元前200年世界人口约1.9亿），发展到清末1820年的3.8亿人，增加了12.6倍。其中约74%的2.8亿人口，是从1685年康熙以后的200年里增长出来的。因此，中国历代官民比例的不断提高，也和中国人口的膨胀规模密不可分：西汉（太祖）1650万人口=官民比1:7945；唐（玄宗）5291万人口=官民比1:2927；元朝（1351年）8758万人口=官民比1:2613；明朝（成化）7500万人口=官民比1:2299；清朝（乾隆1764年）2亿人口=官民比1:911。

就是说，官民比率并不是随着人口变化等比例增加，而是会出现加速增大的趋势。这很可能是一个超级人口大国“约束力”的特殊规律。

“科举”和金字塔型官僚体系，对人口超级大国来说是必不可少的一个重要旁证，就是外族入侵。蒙古人入住中原以后，实行过很多大手笔的政治制度变革，如行省管辖制度就一直延续至今；清初的制度变革也是一个从军民合一的“八旗制度”，向效仿明朝的中央集权制度转变的过程。就是说，蒙古族和满族在入主中原之前，原本都没有科举制度，他们掌权之后完全有可能废除中国自公元605年隋朝以来的“科举”。但从结果看，外族入侵后科举制度被原封保留下来，足以证明其不可或缺。

科举制度产生并形成了中国的士大夫阶层，每一个士大夫都拥有自己的土地和寄生性家族。至少在形式上，只有农民子弟才能参试的科举，给百姓以机会均等的感觉，让下层平民存有一线期盼，这对地主阶级政权的稳定和农耕社会的国家稳定相当有利。

中国人对于最高权力以及机构权力的更迭，具有极强的敏感性，由于统治与被统治都不具有永久性，因此维持统治手段极为残酷，包括亲兄弟之间手足相残的争权夺利也屡见不鲜。于是，相对权力而言，财富的稳定性就变得相当脆弱，即便能够成为富可敌国的和珅，也会在一夜间化为乌有。

反过来看，庞大臃肿的官僚体系所带来的腐败、低效率和“官本位”等弊端，可能都是保持人口超级大国完整性的成本之一。可怕的不是出现贪官，而是贪污腐败成本过低，且无法可依。中国作为近代人类文明史上绝无仅有的人口超级大国，在人均GDP不足1万美元以前，要维系这样的一个庞然大物不致崩溃和解体，中央集权也许不可避免。

官僚体系本身存在的弊端，并不会造成国家或政权的崩溃。至少在表面上，中国历史上从来没有发生过因科举制度造成的王权崩溃；反之，放弃科举和官僚制度，中国的国家政权就会马上土崩瓦解。

杯水车薪：晚清工业化投资中的地主资本

大量财富集中在地主阶层手中之后，中国特有的“土地价值观”，被清朝中期以后人口的迅速膨胀无限强化，导致财富的绝大部分不是投向工业和商业，而是被束缚在土地上。早在18世纪，中国登记土地的92%属私人所有，土地交易基本健康，中国的私有制和资本主义经济发展其实有着坚实的基础[①]。这决定了中国国力和财富的绝大部分，不会

---

① ［荷］皮尔·弗里斯著，苗婧译：《从北京回望曼彻斯特》，浙江大学出版社2009年版，第37页。

转向工业资本原始积累和实体经济投资。

集中到地主手里的财富，主要会被用于新的土地买卖和兼并。即便不为自己享受，他们也要为应付儿女分家不得不去获取更多土地。于是，中国的主要社会财富就会黏着在土地的买卖、集聚、分割（地主分家）的搅拌中，不断在膨胀与收缩、周转与停滞中循环。即便有工业化投资的机会出现，只要工业化投资的收益率还没有大大超过土地投资，工业化方向的投资者就会寥寥无几。

清末，中国地主阶级用于实业投资的钱大约有多少呢？

在1913年以前中国早期工业化投资的总体格局中，来自地主阶级的投资约占一半（55.9%），另外一半是商人阶层（买办占24.8%；商人占18.3%）。即，甲午战前的清末除了地主和商人，没有人有钱去投资。

到辛亥革命后1914年至1920年期间，随着商人阶层在开放市场经济中盈利规模的扩大，商人和买办在投资者结构中的比率迅速上升：商人占53.7%、买办9.1%，而地主阶级的比重则下降到22.3%。

这表明，随着中国工业化投资规模的扩大，地主阶级在总投资中的比重却在不断下降。或者说，与商人阶层相比，地主阶层的工业投资取向相对有限。即便看着商人阶层在工业化投资中有利可图，他们也无动于衷。

1840—1918年中国民间总投资约1.43亿两（8976万美元；汇率：1893年=1.25两/1美元；1900年=1.65两/1美元）。其中，地主阶级的总投资仅约0.69亿两（约占48.3%）。而同期1868—1910年的地主阶级的总收入，却不应少于387.8亿两（计算依据：1834年中国GDP 28.04亿两、总税赋1.80亿两；1887年33.28亿两、总税赋2.93亿两；1894年42.49亿两、总税赋2.93亿两；1903年58.15亿两、总税赋

3.04 亿两；1908 年 69.23 亿两、总税赋 4.54 亿两）。1913 年以前，地主阶级在中国民间工业资本投资中的比重约占 55.9%，地主阶级总收入大约相当于财政收入的 2.7 倍。[①]

1895 年以前中国地主阶级的投资倾向，就变得至关重要。要命的是，清末中国地主阶级的积累率仅约 0.37%，还不到 2012 年中国积累率 52% 的 1/140。当时地主阶级投资欲望之微弱，成为中国工业化投资姗姗来迟的重要一环。

那么，国家或朝廷的财政状况又怎么样呢？

两头穷，中间富：被榨干的超穷政府投资

仅 5% 的超低税率，决定了清廷中央政府财政极度拮据。这直接导致晚清政府没有力量，也拿不出更多的钱推动早期工业投资和资本原始积累，当然也就没有足够的钱扩充军备、巩固国防。

19 世纪 60 年代太平天国刚刚平定，清廷就急忙裁撤湘、淮军等勇营军队，且军队大面积欠饷。足见财政之拮据[②]。

工业投资的弱势，让中国的财富积累大大减速，国家财政收入也就随之枯萎。再加上国防和军队的怠慢，让清朝在对外战争中一再战败，接二连三地赔款——晚清政权就这样跌入了“集权弱化”的泥潭。

在晚清财政的总盘子中，连为慈禧太后过生日的 200 万两白银都拿不出来，已经足以反映晚清政府财政的超级紧张。先不用说慈禧太后是否动用过北洋水师军费修建颐和园、过生日，即便她动用了这 200 万

---

① 旧中国的资本主义生产关系撰写组：《旧中国的资本主义生产关系》，人民出版社 1977 年版，第 23 页。

② 翁飞：《曾李交替与湘消淮长》，载《军事历史研究》2001 年第 3 期，第 56 页。

两，也不过是财政收入的大约1%。就是说只要将税率提高1%，什么好生日都过了。

如果清朝政府的税率从5%提高到日本的30%，仅1893年一年税收就可以增加5000万两，不仅可以为慈禧太后过一个体面的生日，同时还可以毫不犹豫地为北洋水师补充弹药、维修舰船、增设速射炮，剩下的钱还可以再建一个北洋水师。

一个国家的军事实力，最终决定于国力——经济实力和政府财力。因此，每个国家的国防力量会有一个不可突破的天花板。

清军的战斗力，不论是北洋水师还是新式陆军，最终都与日常军费开支的规模紧密相关。虽然大清帝国当初也拼尽国力购买洋枪洋炮，凑齐了北洋水师和新式陆军，但最后还是会“买得起马，配不起鞍”。到头来，不要说是实弹演习，就连军舰舱门的橡胶封条老朽了都换不起。

1888年以后，清政府对北洋水师的拨款骤减，让北洋水师连维持良好战备状态水平的钱都没有。远洋航行和实弹演习基本没有，以致在黄海海战中，日舰火炮命中率高出北洋舰队9倍以上。

那么，大清帝国的财富即便都到了地主手里也并没有蒸发，那大清帝国的这么多财富到底是怎么流失的呢？

第四章 清末：财富“失血”总量

当年，奕䜣等人因国库空虚提出要暂停颐和园工程时，慈禧太后的一句“今日令吾不欢者，吾亦将令彼终生不欢”，成了后人谴责她挪用北洋水师军费修颐和园的证据。然而，却很少有人发问：大清帝国怎么穷到这份上了？

其实，当时日本皇室经费每年300万日元（相当于218万两），清廷皇室经费即便按照日本的2倍436万两计算（乾隆三十一年为82万两）；辛亥革命后清廷皇室岁出待遇400万元[①]，日本的国民人均皇室费用0.06两，也是清末人均皇室费用0.01两的6倍。即便慈禧从德国银行的500万两借款中花了白银200万两修颐和园，也不到财政岁入的1%，怎么会惹来如此猛烈的指责？大清帝国怎么会穷成这份上了呢？

中国清末工业投资资源的流失，存在“三大黑洞”：第一，常年内战和农民暴动造成的破坏；第二，超频繁的大型自然灾害；第三，巨额对外战争赔款。

① 周志初著：《晚清财政经济研究》，齐鲁书社2002年版，第211页。

7500 万人丧生的“人祸”——太平天国暴动

赃官巡抚郑祖琛统治下的广西，连年旱灾，饿殍遍地、饥民遍野。仅 1850 年一年，就有 9 次农民暴动（每次约 1000～8000 人）发生，一旦洪秀全起兵广西桂平县金田村，各路饥民一并聚齐，便成就了太平军。

太平天国农民暴动，前后漫延近 14 年的灾难，导致了中国人口净减少 7500 万人，这相当于当时 3 个日本人口，或 15 个英国人口。远远超过了第二次世界大战 5000 万人的死亡总数。日本江户幕府时期的农民起义总计 1500 次以上，其中 1801 年至 1867 年间就发生了 505 次，1615 年的“纪伊一揆”有 13 万农民参加。同时，在城市也频繁地发生“打毁运动”，城市贫苦市民与商人和政府发生直接暴力冲突。但是到了明治维新前后，最大规模农民暴动的人数不过 5000 人，在暴乱中的死亡人数寥寥无几。

太平天国农民暴动，是“马尔萨斯陷阱”式人口被动调整的典型案例。“当我们不能期待土地的产出，能够彻底满足人口增长的食品需求时，我们只能让人口的增长适应农业产出的增长。”① 如果人类没有工业革命后生产力的超常飞跃，马尔萨斯的这一规律到今天恐怕依然有效。

在太平天国的十年动乱期间，清政府的南方半壁河山和主要粮食产区和纳税大省，几乎“颗粒无收”。即便有能力纳税的南方各省，也会以“戡乱经费”为由拒缴税赋，使清朝政府本来相当有限的财政岁入

---

① ［英］里格利著，侯琳琳译：《延续、偶然与变迁：英国工业革命的特质》，浙江大学出版社 2013 年版，第 34 页。

折损“过半”、元气大伤。这也成为清朝政府从中央强权转向中央弱权的一大原因。误认为农民暴动是因税赋过重的清廷，就愈发没人再敢提高税率，结果中央政府的财力越来越捉襟见肘。

近代史上的清末中国并不是“弱小”，而是“弱大”——在人口膨胀、政治腐朽、岁入递减的怪圈中螺旋下沉。表面的庞大实际上只是“浮肿”而已，反而成为虚弱的象征。对后发国家而言，当外来压力不足以激发“应激突变”，没能调动起国人背水一战的巨大潜能，转向“中央强权”时，被动挨打也就在所难免。

如果鸦片战争提早100年，发生在乾隆初年（18世纪30年代），中国还有可能迅速动员整个国力，大步迈向工业化和近代化（如明治维新后的日本），因为那时候中国仍然拥有不可动摇的中央强权和世界1/3的GDP。

在腐朽没落的中国清末，仅仅从政治上解决体制问题——建立“君主立宪”制度等，反而有可能弱化中央集权。那样，在工业化的投资规模上，“洋务运动”更加无法与“明治维新”抗衡。因为清末如果形式上有了“君主立宪”，税率改革反而会受到国会的更多干预（民国初年的国会议员，就绝大多数代表了士绅地主阶层的利益），更加无法解决超低税率问题，最终对加大投资规模和加速工业化进程可能愈发不利。

太平天国均贫富的《天朝田亩制度》，并没有保障太平天国江山万代足以说明：单纯通过暴力均分地主和富人的财产，不可能彻底解决经济发展、生产力提高和社会安定等一系列根本问题。到头来还是会回到富者甲第连云，贫者无立锥之地。

以财政税收“平均不足旧额的十分之四、五”粗略估算[①]，1850 至 1863 年清廷每年因太平天国净损失财政收入 2500～3000 万两，14 年间财政岁入合计减少约 3.5～4.2 亿两白银，仅此一项收入的缩水，就可以构建营造价值 6000 万两的北洋水师 6～7 只。

清廷表面“仁慈”的超低税率，就像一剂泻药，最终拖垮了国家财政，到头来让国家穷得连税制改革的财力都没有。

赔不完的“赔款”

有比战争赔款更让中国人窝火的了——损兵折将、输了面子，还要支付对方的战争费用和无理要求。

中国从 1840 年鸦片战争，到 1905 年庚子赔款、1906 年拉萨赔款总计 8 次，总金额约 7.36 亿两。赔款总计库平银 9.56 亿两，合 13.26 亿两银元，相当于 1901 年清政府财政收入的 11 倍，相当于平均每个中国人 3.3 两：1.《广州和约》（第一次鸦片战争赔款）赎城费 600 万银元，英国商馆损失费 62372 银元；中英《南京条约》鸦片烟价 600 万银元、商欠 300 万银元、军费 1200 万银元；2. 第二次鸦片战争赔款 1600 万两（含《北京条约》中规定的英军军费银 600 万两、商亏银 200 万两；中法《北京条约》中规定的法军军费银 700 万两、商亏及抚恤费银 100 万两）；3. 1874 年琉球、台湾事件对日赔款 50 万两（含中日《北京专条》中规定的日本修道筑房费 40 万两、抚恤费 10 万两）；4. 1876 年马嘉理事件赔款 20 万两（含中英《烟台条约》中规定的军费、商欠、抚恤费）；5. 1881 年伊犁事件赔款 900 万银卢布（含中俄《改

① 周志初著：《晚清财政经济研究》，齐鲁书社 2002 年版，第 67 页。

订条约》中规定的军费、商亏、抚恤费）；6. 甲午战争赔款23150万两（含中日《马关条约》中规定的军费2亿两、威海卫驻军费150万两；《辽南条约》中规定的赎辽费3000万两）；7. 1901年庚子赔款（含《辛丑各国和约》中规定的偿付诸国赔款关平银4.5亿两；地方赔款16886708两）；8. 1906年拉萨事件赔款（含中英《续订藏印条约》中规定的250万银卢比）。

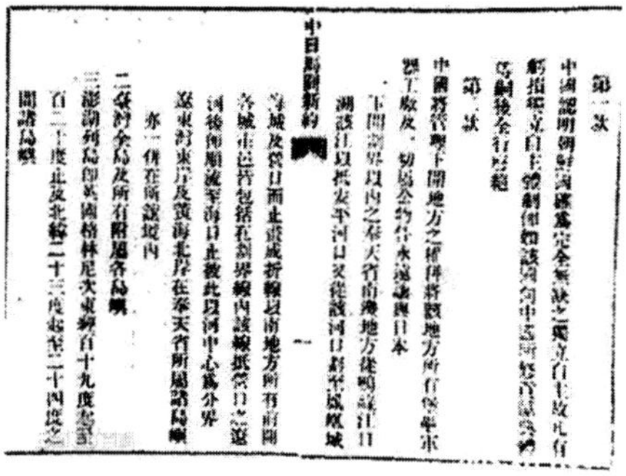

图4-1　《马关条约》中文文件

其中，最伤筋动骨的还是《马关条约》的2.3亿两赔款。此笔巨额赔款，将中国的财政拖入了深渊，财政本来就揭不开锅的清朝政府，翁同龢等人还为了提前付清赔款而大举向外国银行借贷，最后形成了利滚利后的巨大亏空。甲午战争借款0.28亿两；1895年向俄法借款计4亿法郎，合银0.99亿两，年息4厘，分36年还清；1896年再向英德借款计1600万英镑，合银0.98亿两，年息5厘，分36年还清；1898年英德续借款计1600万英镑，合银1.13亿两，年息4.5厘，分45年还清。以上3笔债款，相当于甲午战争前中国所借外债总和的7倍。庚子赔款实际支付的关平银6.68亿两，其中除日、俄两国外，美英法等国的款项，多有支付文化交流等项下的还款。

提前偿还赔款实际上赞助了日本加速扩充军备。甲午赔款帮助日本进一步扩展了工业基础。如建造了当时日本最大的“八幡制铁所”、增加了军备基础。如果没有甲午提前赔款，日本是否能打赢10年后的“日俄战争”，还是个疑问。

如果按照马关条约以后的赔款总额6.8亿两，中国在甲午战争以前的战争赔款实际支付按照1.3亿两计算，这笔钱也至少可以组建两支“北洋水师”。

羊毛出在羊身上，战争赔款无疑会最终由中国百姓负担。为偿还赔款，清末各种苛捐杂税林立，在原有地丁、杂赋、租息、粮料、耗羡、盐课、常税之上，又新开征厘金、洋税、节扣、续完、粮捐、盐捐、官捐、杂捐、节省和赔款捐等新税种，大大加重了普通百姓的负担，而对地主阶层的影响却相对微小。这就使中国民间和百姓可能用于工业投资的本钱越来越少。

结果，清朝政府与普通百姓同时被洗劫的“一贫如洗”后，中国近代工业化的资本来源，也就被压榨到了可怜的极限。不论政府还是普通百姓，都不可能成为工业化原始积累的主体。

从中国近代工业化的投资结构看，在对外开放中获益的买办、商人阶层以及地主阶级中富有远见的开明志士，成为后来工业投资的主体。但悲哀的是：买办阶层的工业投资，仅仅是他们收入的大约1.5%；而地主阶层拿出真金白银投资工业化者，也不到他们收入的0.3%。

天灾 & 人祸

中国著名电影导演冯小刚的一部《一九四二》，震撼了几乎所有中国人的心。那些没有经历过凶悍自然灾害的国家，很难理解“没想活着，就想死得离家近点”的心境。

拍摄前，冯小刚实地采访河南一位曾经历过那场饿死300万人大旱灾的老太太：“大娘，您还记得那次饿死很多人的逃荒吗?”老人片刻后茫然地反问：“你说的是哪一次?”

在1840年至1894年的半个世纪中，中国共发生旱灾、水灾、霜灾、雪灾、雹灾、冻害、蝗灾、海啸、瘟疫等，各种载入历史文献的大型自然灾害约2000次。1876年至1879年间发生在黄河流域的特大旱灾，即“丁戊奇荒”，饿死病死1300余万人。灾情之残酷，不仅清代，就是在人类几千年的灾害史上也极为罕见①。

每次天灾过后，饿殍遍野、饥民塞路的大饥荒和一次次“人相食”的惨绝人寰的大逃荒之后，中国受灾平民百姓的所有财富都被浩劫已尽，就像他们身上被地租榨干的肌肉和脂肪。从1810年开始，中国的洪涝灾害范围逐渐增大，至1840年达到一个峰值。晚清自嘉道以来，全国各主要流域的洪涝灾害即相继进入加速度期②。1861年至1895年间黄河发生较大决口计56次。仅山东一省大小决口总数达263次，平均每年决口4.7次，相当于黄河改道前的16倍。决口成灾面积计966县次，年均17.3县次，为改道前的7位。1859年至1873年间，江淮地区竟发生了连续15年的洪水，有的学者称之为我国历史上洪水年持续时间最长的一次。道光癸巳（道光十三年）、辛卯（道光十一年）大水过后，“始无岁不荒，无县不缓，以国家蠲减旷典遂为年例，夫癸巳以前，一二十年而一歉；癸巳以后，则无年不歉”。从1861年到1895年的35年间，中国各地（除今新疆、西藏和内蒙古自治区）共有17278县次发生一种或数种灾害，年均达493县次，按全国省区当时县级行政区划（包括县、散州、散厅等）的总数约1606个计算（注：包括台湾的11个县及光绪、宣统后增置的55个县，但不包括土州、土府、土县

---

① ［美］何炳棣著：《1368—1953年中国人口研究》，上海古籍出版社1989年中译本，第230页。

② 中央气象局（现国家气象局）气象科学研究院编：《中国近五百年旱涝分布图集》，地图出版社1980年版。

及土司)，即每年约有31%的国土笼罩在各种自然灾害的阴霾之下。①

日本的自然灾害主要以地震、海啸、台风、暴雨等为主。戏剧性的是，在8～10世纪日本每3年一次、11～15世纪5年一次自然灾荒。此后，16～18世纪每4年一次、19世纪每9年一次，进入20世纪后甚至一次都没有发生。就是说，日本近代的自然灾害总的说是在年年减少。

当时中国的地震灾害，甚至不比地震国日本为轻。1840到1912年，中国共发生7级以上大地震14次、死亡千人以上的地震11次、死亡万人以上的地震2次。其中，1879年7月1日甘肃阶州（今武都）发生的里氏8级大地震，仅震中的阶州、文县有数据可查的就有4万余人被压毙或被洪水吞没。波及范围“东至西安以东，南过成都以南，纵横二千里”甘肃、山西、陕西、河南、四川、湖北等地至少有144个县市受到程度不同的破坏和影响。②

更糟的是，中国这些破坏性巨大的自然灾害都集中在了晚清。从1840年到1911年的72年中，此类重大自然灾害计48次，遇难1727万人。而公元前180年至1839年的2019年间，这种大型自然灾害也不过161次，死亡人数只有994万人。就是说，特大灾害的56%和死亡人数的91%都集中在了洋务运动时期。③

跟着自然灾害一起造访的，是形形色色的趁火打劫、落井下石、贪

① 《黄河变迁史》，人民出版社1957年版，第582—586页；袁长极等编：《清代山东水旱自然灾害》；《山东史志资料》第二辑，第168页；姚鲁峰：《19世纪是我国特大暴雨洪水发生期》，载《灾害学》1991年9月第3期；李文治、江太新：《清代漕运》，中华书局1995年版，第361页；徐学林：《中国历代行政区划》，安徽教育出版社1991年版，第263页。

② 《光绪朝东华录》，第1册，总第783页；张家诚：《地学基本数据手册》，海洋出版社1986年版，第201—207页；李文海等著：《中国近代十大灾荒》，上海人民出版社1994年版，第96页；顾功叙主编：《中国地震目录》，科学出版社1983版，第178页。

③ 陈玉琼、高建国：《中国历史上死亡一万人以上的重大气候灾害的时间特征》，载《大自然探索》1984年第4期；夏明方著：《灾害、环境与民国乡村社会》，中国人民大学1997年博士论文附表3-2-2；刘翠溶、伊懋可主编：《积渐所至——中国环境史论文集》，下册，台北中央研究院经济研究所1995年版，第693页。

污腐败。政府的救灾粮款随时会被瓜分或克扣。每次天灾的降临，都会成为发国难财的契机，至少贪官污吏们有了克扣赈灾款粮、少缴中央税赋的借口。穷途末路的灾民会像蝗虫一样抢劫大户人家的粮仓，军队会以战争的名义把灾民留给敌人，或利用灾民对一口粮食的渴望建立自己的统治。

本来就夺人性命的天灾，又加上肆无忌惮的人祸，在把中国百姓推入绝境的同时，也埋葬着中国工业化的前程。

中国自然灾害造成的财产损失，几乎无法定量计量，但是仅以丧生的1700万人口占全国4亿人口的4.3%粗计，直接经济损失不应当少于每年GDP的3%（1843年至1894年GDP合计1500亿两），那么在甲午战前的半个世纪中，中国自然灾害造成的财富损失应当有45亿两，是1894年中国清廷财政总收入0.8亿两的约56倍。

三大黑洞吞噬的财富总量

三大“黑洞”，一共吞噬了清末多少财富呢？

战争赔款1.3亿两；

国内战争（农民暴动等）损失大约相当于1851—1864年的13年间清廷岁入8000万两的35%，即约3.6亿两；

天灾人祸45.0亿两；

以上3项合计49.9亿两，相当于1840年至1894年中国实际工业化投资总量0.88亿两的56倍。

在此之上，由于超低税率清廷1868年以后的30年间税收流失约110.9亿两。按照1868年至1894年的30年间，中国GDP总量831亿两，且清末税率可以提高到相当于日本同期30%税率的一半的15%，实际税收 13.8 亿两计算。就是说，仅病态税率造成的税收流失一项，就是 3 大出血口的财富损失总量的 2.2 倍。难怪清末被誉为“近代中国走向世界第一人”的黄遵宪先生，在走遍海外诸国后感叹：“四海之外未有如我大清之轻赋者。”[①]

故，也许可以说：超级人口大国逼出来的超低税率，是中国甲午惨败和近代百年积弱的主因。

如此规模巨大的财富和税赋流逝，让中国和清廷变成了一个严重失血的病人。财政规模、扩充军备、救济灾民还是保鲜国防力量，处处捉襟见肘。曾国藩、李鸿章、张之洞、左宗棠、袁世凯等洋务运动的重臣如何精英也无力补天，因为他们没有女娲手中的石头。

近代中国，就一直是在这样一个大环境中，跌宕起伏、灾上加灾、难中叠难、螺旋下沉：

人口超级大国的统治成本（维系人口大国的成本越来越大）→◎超低税赋→◎“两头穷、中间富”的分配格局→◎财政岁入拮据→◎庞大官僚制度的弱化→◎军备财源不足→◎对外战败和贫苦民众暴动→◎中央财政进一步恶化……

① 黄遵宪著：《日本国志》，天津人民出版社 2005 年版，卷 16，第 20 页。

第五章　大国魔劫

论及中国近代的基本国情：军备差距、工业化总投资规模的悬殊等，而隐藏在背后的最终又是：作为全球唯一人口超级大国的基因。

历史摆在中华民族面前的就是这样一幅“清末衰败图”：当人口膨胀到一定程度后，必然形成高度中央集权的政治制度，并由科举制度、官僚任免等最终形成金字塔形、庞大的官僚体系，以保障整个帝国不会分崩离析。

这个统治体系越庞大、越缜密，人口大国的约束力才会越强。于是，生产力的发展和社会安定又会让人口进一步增加。由此循环往复，国家的人口规模也就越来越大。当生存底线和生存空间挤压下的贫苦民众揭竿造反不断重复时，又会催生“添丁永不增赋”等绥靖政策。如此200年下来，大清国的财力和国力，也就一步步萎缩到了随时可能断裂的边缘。

所以，中国近代的百年积弱，与这个古老文明帝国的历史文化、社会传统、哲学宗教以及知识精英的觉悟程度、国民大众的勤劳拼搏等，基本无关。

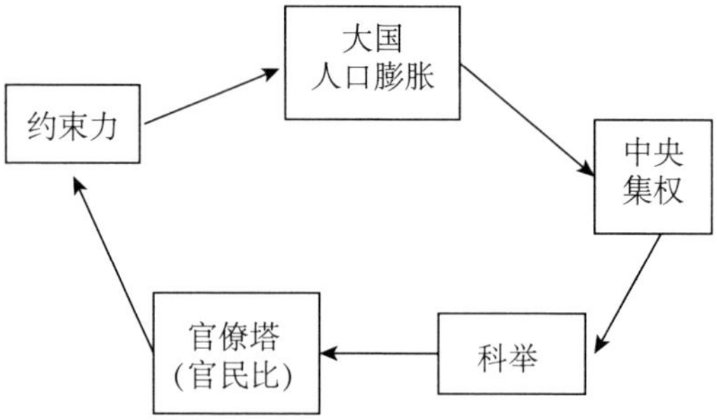

图 5-1 超级大国人口膨胀形成机制示意图

大国烹小鲜，需用大器

王权能够稳定和扩大的一个基本前提，是要有一个效忠于皇权的高效税收系统。国家越大，这个官僚系统的结构越复杂、架构越庞大。脱离这样一个官僚系统，中央集权的大国无法维系统治，如近代史上的中国和俄国；为了避免不堪重负而没有中国这样的官僚系统，如英国和日本。

当受到同等能量的外来冲击和挑战时，对人口超级大国而言，每个国民受到的单位压力就会较轻，甚至毫无感觉。而对日本这样的中等人口岛国的人均压强，就会远远大于像中国这样的人口超级大国。

道家讲“治大国，若烹小鲜”，强调治理国家如炒小菜，调料、火候、搅动都须恰到好处。但伊尹见汤的夏商人口不过约 2000 万，与清末的 4 亿人口不可同日而语；曾在世界五大洲建立殖民地的“日不落”大英帝国，包括印度等全球殖民地在内的整个人口总数，最多时也不过 3 亿人，仅相当于清末 4 亿人口的 75%。治理人口超级大国和治理人口小国的一个根本的区别在于：治理大国需要数倍于治理小国的“人均治国成本”，该成本的增加呈非线性，与人口的增长不成正比。大国庞大的官僚和统治机构，决定了小国无法比拟的官民比例。例如，假定治理一个4000万人的省，其成本为100，那么治理有10个这样省的4亿人口的国家，成本就不是1000，而是1000加中央政府成本。

这就意味着，“治大国烹小鲜”，需用大器。仅以小锅小灶的成本，无法管束一个人口超级大国。

“立宪君主”制可能在1700年管好一个600万人口的英国；“君主立宪”也可能在1868年管好人口3000多万的日本，但同样方式却不可能在1910年管好4亿人口的中国。

“制度”并不万能

在近代中国衰败原因的争辩中，“制度派”和“技术派”是两个主要派别。

“技术派”主要强调清末1840年以后的发展历程中，不如人意的原因，主要是技术层面存在差距：如中国铁矿石和煤炭不如欧洲或澳洲的含量高，海军士兵不习水性不善远洋航行，中国军舰的装备年久失修，甲午海战发射的是穿甲弹没有开花爆炸，甲午战前大清情报错误或泄密等等。“丰岛海战”李鸿章误判日本对清作战的决心；“成欢之战”时，败将叶志超向朝廷呈报虚假战报，骗取赏银二万两；“黄海海战”中，北洋水师最初谎报：“击沉包括吉野号在内的数艘日舰，日本联合舰队已经失去海外作战能力”；“密电泄露事件”：开战前清朝驻日公使馆与本国总理衙门间收发的全部密电被日本电信课截获破译等。或张謇2000纱锭（张之洞引进）的纺纱厂没有规模效益等等。

强调制度变革重要性的“制度派”的市场最大，影响最为深远。“制度派”强调鸦片战争以来中国在制度变革的不彻底性，政治上没有引进或实行“君主立宪制”或“共和制”。清末的最高统治者昏庸无能、慈禧太后动用军费修园子（颐和园）的腐败、光绪皇帝轻信康梁和袁世凯夭折了“戊戌变法”等等。

不论经济制度还是政治制度，都不过是一个由规则架构的系统。它就像一个计算机软件，既可以用来制造投向广岛长崎的“大男孩”（原子弹），也可以建造福岛核电站；同样的计算机文字系统，既可以输入“地心说”，也可以写出“日心说”。

先进的社会制度对生产力发展的促进，无疑优于落后的制度，特别是当社会制度落后于生产力时，社会制度的变革显得愈为重要。但最终还是生产力决定社会体制，而不是相反。问题在于，社会制度的变革在任何时候都不是唯一重要的。

日本明治维新创立的所谓“新的”政治制度，也并非从一个典型“封建制度”，转为现代欧美的“立宪君主”制度；相反，它是由类似欧洲中世纪的“封建制度”（大名）转向了与中国更为相像的“中央集权”制度，成了一个比大清集权强度还高的中央强权国家。伊藤博文就明确提出：必须建立绝对主义的中央集权体制，“一切政令法度皆出自朝廷”，废除各藩、清除“小权”、改革藩政、“奉还版籍”（各藩将土地对民众的管理权还给朝廷）、“废藩置县”。那么，明治维新取得的成就，到底是现代民主制度的硕果，还是中央强权制度的胜利呢？

对先进的市场经济国家，排除专制和王权对自由市场的干预，是推动资本主义或工业化的有效举措，如欧洲的英国和法国；而对于后发资本主义国家而言，要在短时间内以超常的增长速度赶超先进市场国家，相反却可能恰恰需要依靠国家和中央集权的力量，去集中国家财力，推动国家的早期积累和投资，加速工业化的进程，如1860年以后的日本。

英国1642年的垄断法，不仅限制了王室，也对几乎所有可能出现的垄断进行了限制，甚至包含了鼓励创新的专利制度，这是一部将在此后严重影响市场经济进程的法律。这样的法律在中国这样的中央集权大国看来，是不可思议的。动摇和限制皇帝的权力，不仅意味着地方和个人权力的增大，更要命的后果可能是中央集权国家的解体。

作为中央集权的大国而言，保证权力地位稳固的需求是首位的，任何其他需求——包括获得财富、金钱和财政收入的需求，都会让位于中央集权大国皇权稳定这一最高诉求。对于中央集权大国而言，不仅是“官本位”，而且是“皇权本位”（或中央集权本位）。有了皇权本位才有这个国家的存在和稳定。没有这个前提，极权大国会四分五裂，得到的财富也会烟消云散。做了官，且不被淘汰出局，才是保障财富安全的保险柜。

马嘎尔尼使团早在260年前就感悟：“中国人没有宗教，如果说有的话，那就是做官。”“中国所有的有关财产的法律，确实都不足以给人们那种安全感和稳定感……对权势的忧惧也许使他们对那些小康视而不见，但是那些大富却实难逃脱他人的巧取豪夺……执法官员有权凌驾于法律之上，使得对善与恶的评判在很大程度上取决于执法官员的个人道德品质。”①

总之，制度的重要性不会取代一切，或者说制度的重要度是有限的。如何证明这种判断呢？

丈量“制度”

为了评价“制度”对近代中国经济发展的“影响度”，可以尝试对

---

① （英）马嘎尔尼，何高济译《马戛尔尼使团使华观感》，商务印书馆2013年版。

制度要素进行度量评估。即，首先对日本与中国的政治制度和经济制度进行比较，然后对两国的比较差异做出定量评估，再将差异程度作为系数，估算这些差异对投资和经济增长的影响程度，最后再进行模拟推算。

从这样的推算结果也许可以看出：一旦去除制度差异，比较主体的投资和收入增长会有多大变化。

首先将所谓“制度”分为“政治制度”和“经济制度”。

政治制度比较权重

总分 100 中的各项权重为：地方官吏任免权（8）；地方自主权（10）；军队控制权（10）；中央政府财力（15）；社会自由度（5）；税收制度（15）；政府投资（15）；法律（12）；移动速度（人财物、指令）（5）；舆论和监督（公平）（5）；以上合计为 100（%）。

对晚清与明治两个国家、甲午与现代两个时期，日中两国的制度和国情的比较结果有表 5-1：

表 5-1　中日政治制度权重评价

		权重	晚清中国	明治日本	当代中国	当代日本
		（%）	（评价）	（评价）	（评价）	（评价）
1	地方官吏任免权	8	7	6	8	5
2	地方自治	10	5	8	8	4
3	军队控制权	10	6	10	10	8
4	中央政府财力	15	5	12	13	8
5	社会自由度	5	2	3	4	5
6	税收制度	15	2	12	8	6
7	政府投资	15	5	12	12	5

（续表）

8	法律	12	3	9	6	6
9	移动速度（人财物、指令）	5	1	3	5	5
10	舆论和监督（公平）	5	0	1	1	4
合计		100	36	76	75	56

（注：有利经济发展时数字较大。以上比较结果，征求了原天津社会科学院日本研究所历任所长：吕万和、盛继勤、马黎明等专家的意见）

从表 5-1 数据比较可以看出：在政治制度的诸因素的比较结果中，中国晚清时期的政治制度权重系数为 36（100 为最佳），低于日本明治时期的该数值 76 大约一半。就是说，日本的政治制度比晚清的政治制度，更有利于经济增长资本积累和工业化的完成，中日之间在政治制度方面的差距（中国/日本）为 53%。

经济制度比较权重

同理，在总分 100 中的各项权重为：社会商品化率（15）；契约率（8）；垄断性（15）；劳动力自由度（12）；政府干预度（8）；资产资本率（5）；法律（12）；金融体系（10）；税收（税率、地租等）（10）；工会（5）。

表 5-2　中日经济制度权重评估

		权重（%）	晚清中国（评价）	明治日本（评价）	当代中国（评价）	当代日本（评价）
1	社会商品化率	15	8	18	12	15
2	契约率	8	3	7	7	8
3	垄断	15	5	10	5	15
4	劳动力自由度	12	8	10	8	11
5	政府干预度	8	2	6	3	7

（续表）

6	资产资本率	5	1	3	2	4
7	法律	12	2	9	6	10
8	金融体系	10	1	5	5	7
9	税收（税率、地租等）	10	2	8	6	5
10	工会	5	0	1	1	1
合计	100	27	71	55	83	

（注：有利经济发展时数字较大，专家意见同表5-1）

从经济制度的比较结果看，中国在社会商品化程度、劳动力自由化程度、法律制度等方面，总体与明治时代的日本相差程度至少在62%。

那么，如果去除这些差异，或者说假定中国当时能够在政治制度和经济制度上完全与日本相同的话，中国的投资和增长会出现怎样的结果呢？

通过以上数据计算的结果表明，中日两国由于社会制度（政治制度+经济制度）的差异，只会使两国人均投资总额出现约5.6倍的差距。

也就是说，即便中国晚清（1840—1895年）的社会制度（政治制度+经济制度）与日本完全相同，中国的投资总额也只能达到6.2亿美元的水平，大大高于中国当时实际投资总额约1.1亿美元的实际水平。中日间的国力差距会大为缩小，但仍然与日本的32.2亿美元的规模相差5.2倍。

制度差影响度

由于“制度差异”，中国清末比日本的投资规模被拉开了5.6倍，工业投资大约少了5.1亿美元。

如果，以上这种比较方式成立，足以说明单纯的制度优势，还不足以构成解释中日在经济崛起和甲午战争中巨大差异的全部原因。或者说,在“制度”要素以外，中国还存在其他致命的要素缺陷（如“国内战争”、“自然灾害”、“对外赔款”等），才最终导致了当时投资水平的总体低下。

制度异常重要，但制度不能解决所有问题。这一结论，被辛亥革命将中国政治制度变革后，1911年至1931年的20年中，中国与日本经济发展水平的差距继续拉大所证明。

躲不开的中央强权

中央集权的强与弱，是研究中国近代问题被忽略了的关键点。譬如，与其说日本的“君主立宪”是明治维新的制度保障，不如说君主立宪制度下的中央强权，才是日本通往成功的制度优势。

脱离这个核心，围绕其他枝节的探讨虽然不乏意义，但总会有盲人摸象，隔靴搔痒的感觉。

“中央集权”与“封建制度”的区别，甚至小于中央集权“强”与“弱”的区别。中国和日本都是被迫开放的，但中国统治者所表现的那种被动、勉强和无动于衷，并非他们不愿得到更多的财富，也不是中国的商人和实业家缺乏足够的智商和机敏，而是中国晚清的最高统治者对于最高权力稳固的关注，清末社会整体对权势的依附和渴望，远远大于对财富的奢求。

于是，攘外必先安内，与维系大一统和集权的长期掌控相比，获取财富永远都是第二位的。当和珅劝乾隆皇帝与英国贸易可获大利后，乾隆当即表示：这与天朝体制不和，不必多此一举。大清的国策是“重农抑商”。

这与1626年第一届国会批准查理一世的财政拨款还不到要求的1/5、逼得到了不得不出售金银器皿境地的英王相比，同为一国之君对财富的感觉有如此天壤之别，也就不难理解了[①]。

中国辛亥革命后几十年的军阀混战，不过是必须解决“一统”问题——确立稳定的中央集权。蒋介石和毛泽东在中国近代史上的最大贡献，就是他们在建立统一的中央政权方面的卓越努力。当年袁世凯称帝，也并不仅仅是他一定要做“皇帝梦”，或一定要将皇位传给后代。袁世凯作为中华民国大总统，本身有指认下一任总统的权力。因此即便他不称帝，也同样可以将总统的位子传给儿子。其背后的原因之一，是他身为大总统，面对吵来嚷去，一年半载也达不成任何决议的国会，让他感到寸步难行、忍无可忍。孙中山在二次革命失败后，发起成立“中华革命党”时，也带有浓厚的帮会色彩，要求会员入党时按手印、发誓效忠孙文本人，以致黄兴等人拒绝入党。

一个国家的实际政治体制，在特定历史阶段是无法选择的，就像老鹰无法选择鸡窝。

民主制度比之中央集权的政治制度，无疑更为进步，但由于政府必须顾及选民和多数民众的短期经济利益，民主市场国家往往会逊色于集权市场国家。最终很可能落入所谓“**民主的陷阱**”：多数弱者为了增加自身的额外收益而挟持民主制度，让国家财政赤字消费不断膨胀，到头来侵蚀实体投资，最终伤及收入增长和就业，反过来危害所有人的长远利益[②]。

---

① 顾学杰等著：《英国革命实话》，上海人民出版社1986年版，第44页。

② 郝一生著：《经济危机新论》，三联书店2013年版。

后发国家经济崛起的“三套马车”

日本明治维新的进程证明，后发大国崛起的“三套马车”是：1. 中央强权；2. 市场经济；3. 重投资主义。

三者鼎足而立，相互关联，缺一不可。片面强调其中任何一种要素的决定作用，都可能误入歧途，看不清后发国家经济崛起脉络的全貌。

同样的中央集权，其极权度的强与弱决定着一个国家的命运。晚清末年，中国的国家体制已经从中央强权，衰败为一个中央弱权的人口大国，因此也就没能像日本那样最大限度、最高效率地集中、整合和利用国家资源，完成工业化，实现加速增长。

“没有风暴，船帆只不过是一块破布。”（雨果）单纯强调“新权威主义”，或过度迷信市场机制，忽略坚持不懈的高度积累，后进大国的经济起飞都很难完成。

中央强权对后进国家而言，虽然是早期国家工业化和经济后来居上的重要保障，却又很容易导致独裁和专制。于是，人们在对独裁和专制义愤填膺的同时，自然会对中央强权满怀憎恶，反而可能忽略了中央强权对后进国家起飞阶段，无可替代的价值存在。

独裁和专制是一种以暴力为基础的社会制度，对于一个处于特定生产力水平——人均 GDP 水平的特定阶段——国家而言，它并不以某个领袖的意志不同而改变。同理，一旦国家进入一定的经济发展水平，独裁和专制退出历史舞台大势所趋时，也没有哪位伟人能够阻挡。

1868 年以后的 50 年中，决定中日两国之间国力差距的根本因素，是两个不同国情下工业化“总投资规模”的巨大差异；在投资规模的背后，是人口超级大国基因所决定的“官本位”，以及“制度劣势”造成的差异。

至此，我们也许可以说，大致弄清了120年前中日之间差距不断拉大的逻辑脉络：制度差异并非工业投资总体规模不足的唯一要素；人口超级大国有着无法卸载的桎梏和负担。

然而，我们依然无法解释：为什么当初各项环境要素极为相似的中、日两国，日本的近代化步伐会如此之快，以至中国随后虽然紧追不舍，而两国的差距依然会越来越大？造成日本人均投资总额超过中国110倍以上巨大差距的原动力何在？

而且，既然日本也可以在明治维新后，表现出如此轰轰烈烈、朝气蓬勃的工业发展，那为什么日本没有抢在英国人之前爆发工业革命？

我们面前还是横亘着“李约瑟难题”这座大山。

第六章　“应激突变”：掩盖在历史背后的巨大潜能

18 世纪 30 年代开始的英国工业革命，将人类生产力推向了一个几何级数增长的时代，它所创造出的辉煌文明和财富过于炫目，以至于人们往往不再去深入探寻当年它轰然爆发的深层根源。

1954 年，英国著名学者李约瑟（Joseph Needham，1900—1995 年）先生的《中国科学技术史》第一卷问世。他在耗费 50 年时间铸就的 15 卷巨著中，提出了著名的“李约瑟难题”：“尽管中国古代对人类科技发展做出了很多重要贡献，但为什么科学和工业革命没有在近代的中国发生？”

面对明治维新后日本的经济成就，直面今天连续 30 年经济高速增长的中国，这一质疑显得越发难解。既然中国和日本，在后来的经济高速增长中都可以展现相当大的潜能，那 300 年前的中国和日本，怎么就没有赶在英国之前进行工业革命呢？

图 6-1　晚清农业技术

屠杀逼出来的“英国工业革命”

人类进入大航海时代后的 1623 年，

荷兰和英国是当时东印度香料贸易的两大巨头。胡椒、桂皮、丁香等利润率高达 800% 的亚欧香料贸易，让荷兰人萌生了独霸东印度香料贸易的邪念。欧洲与东印度当地的丁香差为 6. 0/0. 7 先令，差价 8. 5 倍；印花布 20. 0/7. 0 先令，差价约 3 倍。英国人的加入让荷兰人的香料收购价格提高了近 10 倍。

安汶岛（Amboyna，1512 年以后被葡萄牙占领，1607 年荷兰从葡萄牙手中夺得该岛），这个几乎在地图上都找不到的印尼的这么一个长约 50km、宽约 16km、面积仅 761km^2 的小岛，因盛产丁香而成了当年大航海时代商家的必争之地。

英国根据与荷兰的协定在该岛设有商馆并可从事贸易。1623 年，荷兰人以“发现英国商馆的日籍雇佣兵来荷兰商馆探察可疑”为借口，逮捕了英国商馆的 20 人（其中英国人 10 名、日本雇佣兵 9 名、葡萄牙人 1 名），严刑拷问“证实”他们“准备袭击荷兰商馆”后，这 20 人全部被荷兰人杀害了。史称“安汶岛屠杀”（Amboyna massacre）。30 年后的 1654 年，荷兰为此向英方赔偿 30 万英镑。① 17 世纪中期，荷兰东印度公司是有史以来世界上最富有的公司，拥有 150 条商船、40 条战舰、50000 名员工和 10000 人的私人武装。17 世纪晚期，荷兰是欧洲经济最发达的国家，其人均收入实际上比英国高出 50%。当时英国在该航线的商船总数大约 1890 艘，仅为荷兰商船总数 2900 艘的约 60%。

---

① 《经济研究》大阪府立大学，昭和三十五年 9 月第十六号，第 107 页。

由此，英、荷交恶冲突公开化，英国人被赶出了东印度香料市场。于是，英国女皇支持成立并招募了大批投资的"英国东印度公司"，失去了生存的空间。此后，英国人不得不开始转营印度"印花布"这种荷兰人不愿意做的生意。显然印花布的利润不到香料的一半，而且货重压舱，运输成本极不合算，但鸡肋也总比没有强。

在此后的 70 年中，廉价、轻薄、柔软、颜色鲜艳、染色方便、用途广泛的"印度印花布"，慢慢成了英国和整个欧洲不可或缺的进口纺织品。英国由于它特定的气候条件，在 17 世纪之前并不喜欢，甚至讨厌棉布（当时的所谓棉布只是现在意义上的粗布），特别是上流社会以毛纺织品为荣。但是到了 18 世纪以后随着人们收入的增加，用于服装的消费上升到 10% ~15%，各种上流社会的穿着方式和花样开始在一般民间流行。复杂的裙式、各种花边、繁杂的纽扣等，花色鲜艳、轻薄透气、价格便宜的各种花布越来越受追捧。上流社会的女性，也在夏季开始穿着 80 号超细印度棉线织出的薄如蝉翼的夏装，同时各种帐幔、窗帘、桌布、衬垫、床单、被罩，甚至围裙、内衣和手套、围巾、工作服（如牛仔裤用的厚咔叽布）也开始大量使用棉布。从价格看，印花布只是爱尔兰和德国麻纺织品价格的 1/3，让毛纺织品更是望尘莫及。于是，棉布开始成为大众纺织品，并慢慢成为主流。

"印花布热"在欧洲势不可当的重要原因，是印花布对百姓而言物美且价廉。它在夏季可以取代昂贵的丝绸，毛纺织物质地再薄在夏季也会闷热，而且在中世纪的欧洲丝绸高不可攀的价位，百姓只能看贵妇们穿，自己绝对买不起。好容易盼来了又薄又便宜的印花布，怎么会轻易放弃？

斗转星移，英国东印度公司的商船带来物美价廉的印花布和可观利润的同时，也运来了印花布对英国毛纺织业的致命冲击。

特别是在1697年以后的3年中，英国的印度印花布进口量突然成数倍增长，终于让英国毛纺职业者感到了生存威胁，他们的愤怒和忍耐达到了极限。1664—1665年至1681—1682年的17年间，英国从东印度的进口额从141333英镑，增加到382322英镑，增加至2.7倍，年均增长约6.0%。但其中棉纺制品的比重从29%增加到77%。即，英国从东印度进口的棉纺制品，在这17年中从40986英镑，增加到294387英镑，增加至7.2倍，年增长率达到贸易总额增长率一倍的12.3%，并持续了近20年[①]。他们走上伦敦街头游行示威抗议，愤怒的毛纺织工人推倒了东印度公司的围栏，掀掉了该公司办公楼的屋顶，示威民众最多时超过了5000人。日本学者浅田实形容示威像“决了堤的洪水”。

1750年以前，英国92%的毛纺织品是供出口欧洲市场，一半英国人的生计与毛纺织业紧密相关。毛纺织业和毛纺织物的出口一旦被挤垮，将意味着整个英国经济的崩溃。英国国会迫于压力，于1700年通过《印花布进口禁止法》[②]。

没想到该法颁布后，根据英国“贸易·殖民委员会”1702年的报告：由于为了给英国东印度公司留下活路，还是允许未染色印花布的进口许可，反而极大地刺激了英国国内印花布染色的增加，比1700年以前给了英国的毛纺织手工业者更大的打击。上帝似乎真的要关掉英国人面前所有的门了。

于是，20年后的1720年，英国国会不得不再一次通过《禁止使用印花布法》，以强行限制印度印花布的使用和进口。穿一件0.5英镑的印花布裙子，会被罚款200英镑。该法虽然没能挡住印度印花布涌入英

---

① ［日］金子俊夫著：《近代イギリス商業発展の歴史》（《近代英国商业发展的历史》），东京神田白桃书房2003年版，第57页。

② 林达著：《重商主義と産業革命》（《重商主义和产业革命》），学文社1989年版，第283页。

国的浪潮，却把印花布的进口量压制到平均每年 72 万匹的水平，没有进一步暴增。

于是，这就使工业革命前英国毛纺织业的"应激压强"，长期保持在了一个不致压垮英国纺织业，但又对毛纺织业构成极大生存压力的水平，这为 1733 年以后英国纺织业工业的自动化机器革命，留下了宝贵的喘息之机。

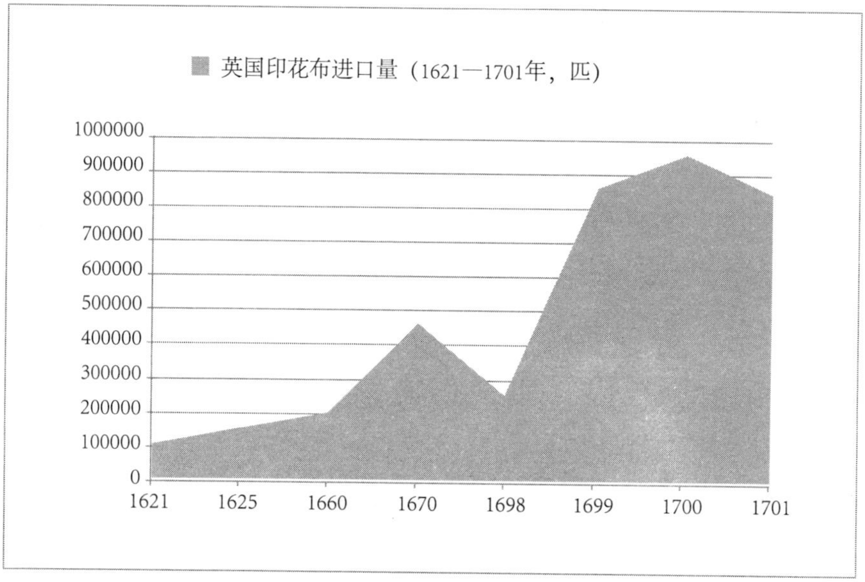

图 6-2 英国印花布进口量（1621—1701 年，匹）

（数据来源：《近代イギリス商業発展の歴史》①）

印度印花布进口的不断增大，对身家性命都已离不开毛纺织品的英国人来说，压力常增不衰。那把"达摩克利斯利剑"，一直高悬在英国毛纺织业者头上达 30 多年之久。印花布让他们心神不安、彻夜难眠，飞梭发明人钟表匠约翰·凯伊自然也在其中。

① ［日］金子俊夫著《近代イギリス商業発展の歴史》（《近代英国商业发展的历史》，白桃书房 2003 年版，第 104 页。

他们当时只有一条路，改进毛纺织设备，用自动化机器提高效率，最终战胜印度印花布。在整整 33 年的漫长岁月里，无数人绞尽脑汁、潜心琢磨，“飞梭”（flying shuttle）——这一彻底改变人类文明史的技术进步，终于在 1733 年问世。

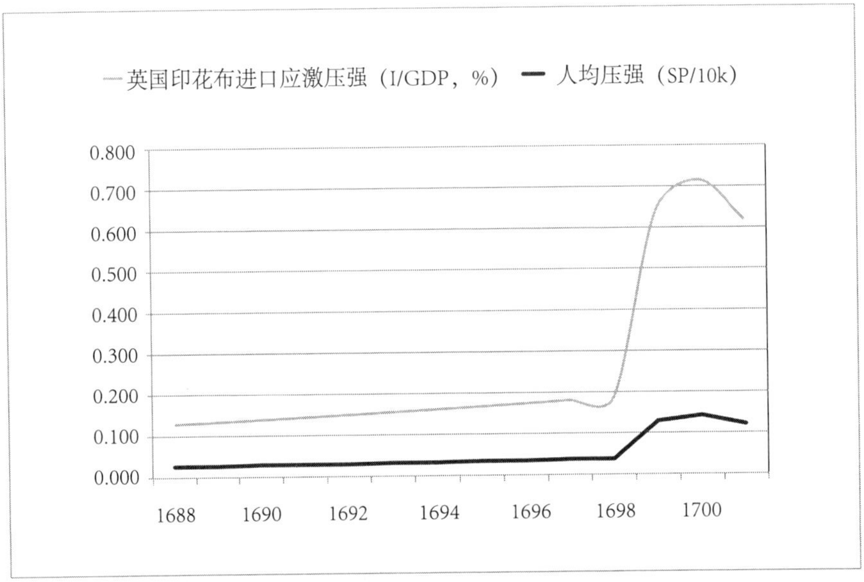

图 6-3 英国工业革命前的应激压强（1688—1700 年，SP/10k，%）

（数据来源：《近代イギリス商業発展の歴史》①）

此后所发生的一切，人们已经耳熟能详：飞梭将织布机的速度提高了 10 倍以上，导致很快就出现了“纱荒”；1761 年英国“艺术与工业奖励协会”两次悬赏，征集纺纱机的发明后，又经过了 30 年漫长的岁月，1764 年英国兰开郡纺织工詹姆斯·哈格里夫斯的“珍妮纺纱机”才终于问世。此举又将“纺”纱的速度提高了几十倍。随之，“纺”纱与“织”布生产效率的互动，让“卷轴纺纱机”（1769 年，理查德·阿

① ［日］金子俊夫著：《近代イギリス商業発展の歴史》（《近代英国商业发展的历史》，白桃书房 2003 年版，第 104 页。

克莱特）、“水利纺纱机”（1771 年）、“骡机”（1779 年毛纺织工场童工出身的塞缪尔·克隆普顿发明“走锭精纺机”）、“水利织布机”（1785 年，牧师卡特赖特发明）、“蒸汽纺织机”（1785 年，瓦特）等等接踵问世。自动化机器生产让纺织工业的劳动生产率提高了近 400 倍，整个世界为之天翻地覆。英国工业革命的本质是自动化机器生产取代手工机器生产，而不是所谓大机器生产取代手工机器生产。

“纺”与“织”的竞争互动，让棉纺织业呈爆炸式的成长，引发了动力、能源、传动、钢铁、机械、冶金以及造船、火车、飞机、电气、瓦斯、石油等一系列相关产业的交错拉动和螺旋上升。整个工业革命，与之前的人类社会物质生产相比较，可以说是一次几何数量级的“核裂变”。

随后，工业一旦摆脱了土地，就像松了缰绳的野马：金属加工、机械工具、工程设备、陶瓷、砖瓦、玻璃重工业和精密仪器、汽车、造船公路铁路电子产品等行业，他们已经不再像纺织业那样需要以棉花、麻或蚕丝为原料。在仅仅 200 年的时间里，它创造了人类 2000 年文明史以来的全部财富，这意味着工业革命后的劳动生产率和收入水平，比之前至少提高了 300 倍。

重利之下必有勇夫

英国进入工业革命时期后，积累率迅速提高。从 1740 年的 1.97%，提高到 1780 年的 6.47%、1790 年的 7.82% 和 1820 年的 11.35%。这样的积累率，对于当时恩格尔系数 77% 的英国（1787—1796 年）而言，已经相当可观。

英国进入工业革命后，几乎全部国内储蓄都进入了工业投资，工业

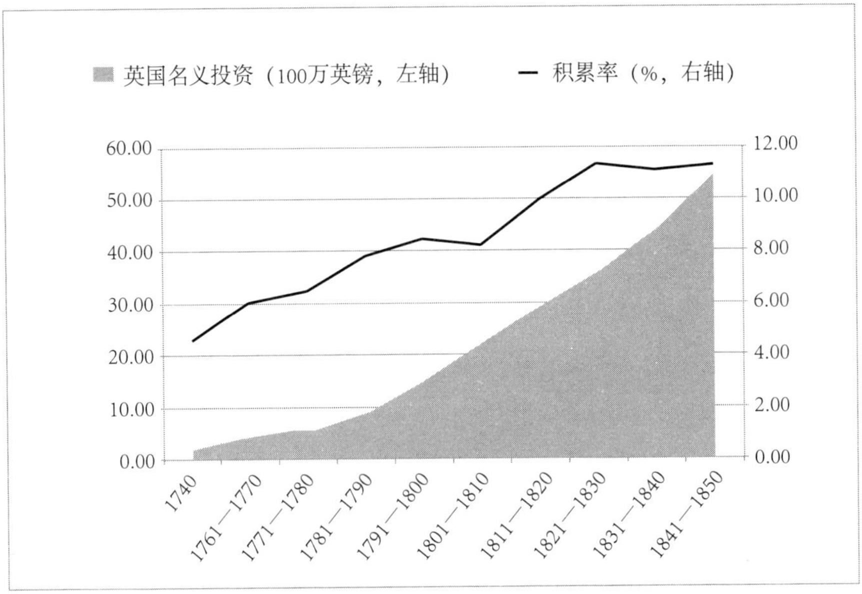

图 6-4 英国早期工业投资

（数据来源 Elise S. Brezis, 1995；Patrick O'Brien；Trevor Griffiths；Philip Hunt, 1991）

投资总额一直超过储蓄总额。就是说，工业革命早期的另外一部分投资者和投资资本是来自国外。在 1771 年至 1780 年之间，工业投资的 5.1 百万英镑来自海外，占投资总额的 34.4%[①]。

高积累支撑下的工业革命，让 1821 年英国的国民收入 GDP 增长到 291.0 百万英镑，比 1688 年的 55.4 百万英镑增加了 5.2 倍；把荷兰 GDP 的 121.2 英镑远远甩在了后面[②]。

工业革命前，1600—1700 年的一个世纪中，荷兰的 GDP 从 2052（100 万 1990 年国际元，下同），增加到 4009，增长了近一倍；而英国从 6007 仅增长到 10709，仅增长了 78%，荷兰明显快于英国。

---

① Elise S. Brezis, 1995；Patrick O'Brien；Trevor Griffiths；Philip Hunt, 1991

② ［英］B·R·米切尔编，中村寿男译 *BRITISH HISTORICAL STATISTICS*（《英国历史统计》），原书房 1995 年版。

到了工业革命期间的1700—1820年的120年间，荷兰仅增长到4228，而英国则从10709增长到36232，增长到了3.38倍。再也没有人能够挡住英国人迈向“日不落帝国”的步伐[①]。

迄今为止，学术界所归纳的几乎所有英国工业革命诞生的土壤：圈地运动完成的原始积累、廉价劳动力的出现、手工工场的增加、行会的壮大、资产阶级的形成、资本主义生产方式（商业、金融、股票、银行、信用、保险等）的出现、启蒙运动和科学的进步，甚至以煤炭作为新能源的出现、造船和航海技术的进步、手表工业的发展等等，实际上都不是英国工业革命爆发的始因，而仅仅是工业革命爆发后，辅助工业革命成果推向全世界的媒介。

而且，以上许多要素甚至是英国工业革命爆发的刽子手，以致英国工业革命几乎成了岩缝中的野草。例如：1. 英国并不是产棉国，英国的丘陵地理环境，仅有利于羊的养殖和畜牧业，即便改种棉花，也无法和印度及美国南部的棉花竞争；2. 对欧洲大陆棉纺织品的出口，英国至少比荷兰在运输成本上处于劣势；3. 资本当时绝不会向英国的棉纺织业投资，因为那意味着自杀；4. 英国的资本主义经济制度（银行、股份制及资本市场、信用、保险等）并不比荷兰更早、更进步；5. 由于毛纺织品手工业的发展，使英国的工资水平一直在欧洲处于较高位势，不利与印度等低收入国家棉纺织手工业的竞争。17世纪法国的一位玻璃制造商，深信英国人无法与法国人竞争。因为“英国人很有钱，经常可以吃肉、喝啤酒；法国人只能以汤、蔬菜果腹，渴了也只能喝些水”；6. 英国被荷兰赶出东印度香料市场后，财富和资本的积累远落后于荷兰；7. 在原始资本积累的效率方面，英国的“立宪君主制”，

---

① 《剑桥欧洲经济史》第六卷，经济科学出版社2002年版。

也未必比日本的“君主立宪制”更为有效：“君主立宪”与“立宪君主”的区别，在于君主与议会的主从关系。在“君主立宪”制度中，君主的地位在上；“立宪君主”制度中，国会（宪法）的地位在上。8. 英国异常强大的毛纺织业行会，几乎是纺织业技术进步的杀手。

图6-5 工业革命的起点：飞梭 & 珍妮纺纱机

工业革命是史无前例的，它的爆发一定与史无前例的事件和要素相关，否则工业革命随时随地都可能发生。

“应激”所带来的“突变”，才是英国创造工业革命奇迹的初始动因。

资本主义：并不是英国工业革命的助产士

学术界一般认为，资本主义是工业革命爆发的重要前提。而事实上，资本主义不仅不会催生工业革命，反而会在很大程度上遏制工业革命的爆发。

以钱生钱、在资本的周转中获取最大利润，是资本主义天经地义的本性。所以，资本主义只会“锦上添花”，不会“雪中送炭”。

在17世纪末、18世纪初英国毛纺织业面临印度印花布的挑战、苦苦挣扎，即将沉没的时候，没有任何一个资本家（包括民间金融机构）伸出了援手，援助毛纺织工厂和那些即将倒闭的工厂主；也没有人提供资金，帮助那些岌岌可危的毛纺织业者通过技术革新，战胜印度印花布。因为，当时资本所能看到的只会是风险，而不是利润。

当时的社会财富和资本，大量流向商业和贸易，几乎没有多少钱流入实体工业。因为，后者不可能为他们带来海上贸易那样高额的利润。远洋或过境贸易所带来的巨额利润，吸引着几乎所有资本流向探险和国际贸易。所以，史学界才会将工业革命前的英国称为“大英重商主义帝国”。大航海时代，威尼斯的房地产总价值达1000万，租金收入为50万（约5%）；而同期如果贸易资金也是1000万，而贸易获利可达400万，贸易利润率是房地产收益的8倍。

就是说，工业革命早期的原始积累，是在那些濒临绝境、孤立无援的毛纺织工厂主自己手里积攒和完成的，前无向导、后无援军。英国最早（1769—1800年）的110个工厂企业中，有40个来自手工作坊主（40个来自商业资本家），“他们是勤劳、积极、有远见的手工业者”。[1]

如果当时有人劝说商业资本家说：你投资一个炼钢厂和煤矿，再加上一个机械制造厂和一个棉纺厂，就可能出现工业革命，一定可以赚到大钱。那些有钱人会说你脑子有毛病，是在骗他的钱；而制造商们会告诉你，他们没有那么多钱来做这件事。

虽然周围环境极端恶劣，英国毛纺织业者还是像野草一样，在岩缝中顽强地挣扎、发芽、成长并存活了下来，终于创造出人类史上无比灿烂的巨大物质文明。

当时，英国毛纺织业小工场主的孤军奋战、全力拼搏，很像中国改革开放初期，那些孤军奋战的中小企业的艰难处境。正是英国毛纺织业那些孜孜不倦、锲而不舍的技术工人和工场主们，在巨大生存压力下艰苦卓绝的努力，才有了人类工业文明的今天。

资本，当初即没有勇敢地赞助危机中的英国自动毛纺机械的研发；

---

① ［英］彼特·加斯克尔著：《英国的制造业居民》。

也没有在后来印度面临英国机制棉布的毁灭打击时，前去拯救落水者。

只是在工业革命的关键技术已经实现突破，“飞梭”和“珍妮纺纱机”已经创造出数百倍的劳动生产率，资本看到了巨大利润在前面招手之后，大量资本才开始蜂拥而入。

因此，资本主义并不是英国工业革命的助产士，倒像是袖手旁观、倒卖婴儿的商人。而且，在工业革命之前，世界上还并不存在严格意义上的资本主义生产方式。当时英国资产阶级的财富总量，也还不足以撑起整个工业革命的巨大投资。

在工业革命无比耀眼的聚光灯下，资本主义生产方式的致命弱点和缺陷，被一一掩盖了起来。袖手旁观、落井下石的吝啬倒卖婴儿的商人，才被打扮成了造就工业革命的助产士。

行会：工业革命的刽子手

英国早期工业革命中，几乎所有被发明创造出来的新机器，都遭到过各类行会和毛纺织工人的抵制、甚至捣毁或焚烧。

在手工工场中，技术工人靠手艺吃饭，他们的技能，如纺线的速度、均匀度等，都是自己的饭碗和炫耀的资本，因此对设备的改良等并不关心，甚至抵制。行会为了维系自己的权威，实现对手工工场工匠和徒弟的控制，极力反对任何技术进步。甚至如果有人使用铁制的梳毛用的梳子取代木质梳子，都会被行会开除出工场。

飞梭、珍妮纺纱机等纺织机械诞生后，很快就被行会带领的工匠们捣毁、焚烧，有的甚至连发明人的房子都没能幸免，被恐惧和愤怒的纺织工人一把火付之一炬。

工业革命前，英国（1738 年）有 150 万人从事毛纺织业，约占人口的1/4。而且，早在15世纪下半叶，英国毛纺织品的税收就高达3万英镑，几乎是岁入的核心部门①。

而且，手工工场的纺织机器设备，已经出现了2000多年（最早的纺车在公元前1世纪中国西汉时期就已问世），其间并未发生任何根本性的突变。早在1292年，法国巴黎的织布手工业就有了相当的发展，许多人可以挣到9000法郎的高收入②，并开始雇佣工人。

那么，在英国工业革命前的440年中，法国织布手工业为什么没有爆发工业革命？

科学与技术进步的角色

对工业革命前的英国而言，技术突破的核心动能是毛纺织业的长期生存危机，它极大地激发了英国毛纺织业者超常的创造力。“飞梭”诞生在毛纺织手工工场这一点，就成为帮助我们理解其重要性的钥匙③。离此，对英国爆发工业革命原因的理解都会舍本求末。

没有工业革命，所有钟表、风车、水力磨坊、手动纺纱机、曲轴等人类传统技术的存在和进步，依然只是会在原来的轨迹上继续“渐进地延伸”。④

例如，“焦炭冶炼法”和“坩埚制钢法”的推广就相当缓慢，它们

---

① ［美］道格拉斯·诺思，罗伯特·托马斯：《西方世界的兴起》，华夏出版社1989年版，第93页。

② ［德］桑巴特著：《现代资本主义》第一卷，商务印书馆1958年版，第172页。

③ “棉纤维最适合用于机械”的解读只能说是一种猜测。参见［日］竹田泉著：《麻と綿が紡ぐイギリス産業革命：アイルランド・リネン業と大西洋市場》（《麻和棉花纺英国产业革命：爱尔兰·亚麻布业和大西洋市场》，ミネルヴァ書房2013年版，第2页。

④ ［美］道格拉斯·诺思，罗伯特·托马斯：《西方世界的兴起》，华夏出版社1989年版，第49页。

只是在发明人的家庭和朋友圈子中被使用①。包括瓦特的蒸汽机，问世当初虽然售价只有500～800英镑，依然很少有人使用。如果没有工业革命在动力方面的需求，蒸汽机可能至今还睡在博物馆里。就是说，这些技术发明再伟大，如果没有工业革命在纺织技术突破后生产规模迅速扩大的动力需求，其应用都会被大大推迟。

在英国工业革命前整整700多年的人类历史上，不论资本主义、手工工场，还是各种技术进步，都在像蜗牛一样缓慢地爬行，没有过任何“突变”的迹象。从西元前7000年左右起，人类开始用燃杆（纺纱杆）和锭子纺纱；公元前73—公元前49年，中国河北巨鹿陈宝光妻，将其简化为120综120蹑的提花机。在数千年的遥遥岁月中，不论纺纱还是织布，人类在纺织机械和技术方面的进步都极为缓慢。

“应激突变”催生的奇迹

一个国家的“应激反应”，就像人体在受到病菌攻击后白血球突然大量增加的所谓应激突变。根据外界刺激的压强的强弱和压力时间的长短不同，而出现“良性应激”和“劣性应激”。“良性应激”会调动人的创造力和工作能力，超常发挥、创造奇迹；“劣性应激”则会因压力过大、过快而导致受压主体崩溃。

这就很像人造钻石的制作过程。石墨会在2300℃、15～18万个大气压的高温高压条件下变成钻石。温度和压力过强，石墨会变为气体；过弱则变不成钻石。

---

① 宋严萍著：《英国工业革命时期工业资产阶级研究》，黑龙江人民出版社2006年版，第23、25页。

图 6-6 英国工业革命前后棉、毛纺织品的增长

（1697—1827 年，千英镑）

（数据来源：《英国历史统计》①）

例如，即便面对同样的“应激源”，主体受到的刺激和压力过小，就不会产生特异性“应激反应”。如 1843 年以后的中国（清末）；相反，应激压力过强，则会导致受压主体无法承受其重、自行崩溃，如 200 年前几乎被灭绝的美洲印第安人。

这种由于外界威胁突发的应激能力，日语中有“火事場の糞力”（火场出蛮劲）、中国有“兔子急了咬人”，英语中有“A dog will leap over a wall in desperation”（狗急跳墙）等表现。

① ［英］B. R. 米切尔编，［日］中村寿男译 *BRITISH HISTORICAL STATISTICS*（《英国历史统计》），原书房 1995 年版。

近代史上的4大"应激突变"

人类近代史上，一共发生过4次重大的压力"应激突变"：第一次，是始于英国毛纺织机械化时代自动化革命的"第一次工业革命"；第二次，是欧洲向美洲大陆的移民后，极端恶劣的生存环境所激发出来的，欧洲向新大陆美洲的移民创造出的无限活力、创造力和生产力。欧洲最初来到美洲的移民死亡率高达50%以上，而且大多是借债购买了来美洲的船票，因此绝无回头之路。在这种强大的生存压力下，美洲移民释放出巨大的能量和创造力，奠定了"美国文明"。20世纪20年代也可以说是一个美国时代，今天世界上的许多重大发明都在那个时代诞生：电视机（1927年贝尔12=1cm，127线）、电冰箱（1927年美国通用电气公司研制出全封闭式冰箱）、速冻食品（1924年），3D电影（1922年），信号灯（加莱特摩根在1923年发明），火箭[①]等等，其他诸多延伸发明也多源于那个时代）；第三次，是日本开港通商后，巨大开港压强下明治维新时期创造的工业化奇迹；第四次，是中国经济濒临崩溃后，改革开放30年来年均超过10%的"超高速经济增长奇迹"。

"突变"虽然表面看似一种小概率事件类的偶然，但本质上却是一种必然。只要具备了同等条件，突变就一定会发生。只要"毛纺织业成为国民经济命脉"、"持续数十年的棉纺织品进口的生存压力"、"有一个和稀泥的民主立宪议会"等条件具备后，无论荷兰、西班牙还是日本（唯独中国例外），都会爆发工业革命。

天将降其大任，必先劳其筋骨。上帝把连续100年无情的生存压

---

① 罗伯特·哈金斯·戈达德（Robert Hutchings Goddard）于1926年3月16日发射了世界的第一枚液体火箭，共获得了214项专利，其中83项专利在他生前获得。

力，压在了英格兰岛，这才最终让英国人最先拥有了人类近代史上如此值得骄傲辉煌的科技和生产力的巨大突破和成就。1500 年中国的人均实际 GDP 水平 600 世界元，仅比英国的 762 世界元低 21%；而 1700 年中国还是 600 世界元，就已经比英国的 1405 世界元低了一半以上，但还是高于当时美国的 527 世界元；而到了工业革命开始后的 1820 年，英国的 2121 世界元，已经是中国继续徘徊在 600 世界元的 3.5 倍。

“应激突变说”也许可以作为“李约瑟难题”的最新解读。

那么，中国和日本在开港之初，受到的生存压力如何呢？

第七章　明治维新背后的“开港压强”

表面上，近代中日两国之间的应激压强似乎区别不大。开港通商后，日本做过的中国也差不多都做过，且有些还比日本早。但实际上，中国开埠后受到的“应激压强”却与日本有着天壤之别。

封闭经济体系突然面临对外开放，会对本国经济产生冲击，使经济结构、产业结构、消费习惯，甚至生活传统都发生根本变化。当这种冲击形成的压力持续达到一定程度后，人们在拼命适应外界变化的拼搏过程中，才会激发出超常的能量。这种外来压力的大小和时间的乘积，就是“应激压强”（SP=Stress pressure）。

“开港应激（stress）压强”，根据一个国家的经济贸易突然对外开放后，人均进出口额与同期人均GDP的比值（即，人均进出口额/人均GDP）的变化算出。

从图7-1日本和中国开港后10年的“应激压强”数据比较看：日本的进口SP（应激压强=人均进出口额/人均GDP）1859年只有0.14%，5年后的1863年达到1.56%，增长了11倍；1867年达到

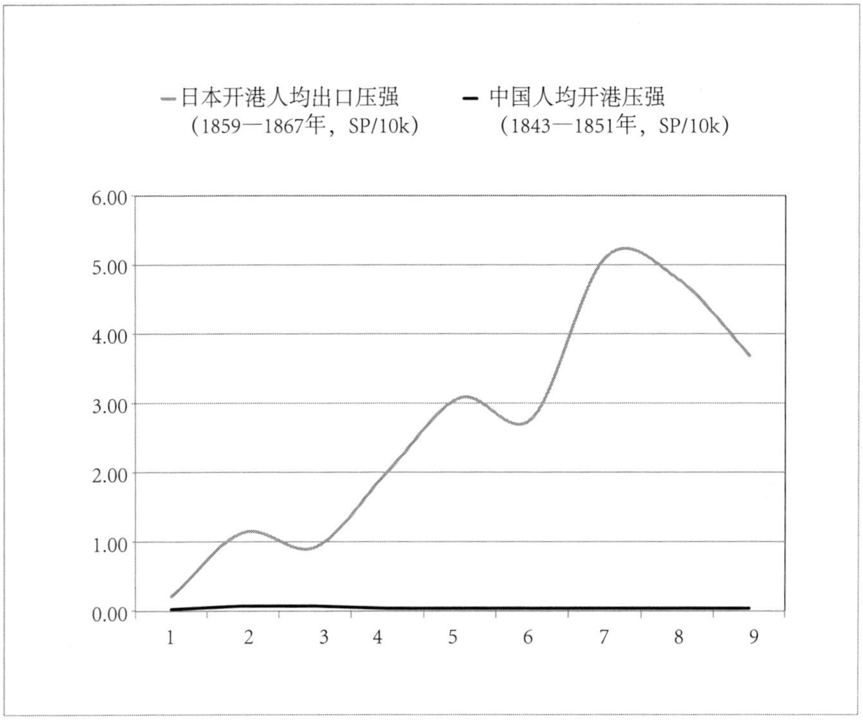

图 7-1　中日开埠后的“人均应激压强”比较（SP/10k）

（数据来源：1，明治大正国势总览①；2，《貿易実務**ダイジャスト**》②；《中国对外贸易》③；《中国对外贸易史简论》④）

6.56%，又比 1863 年再增加 4.2 倍。日本开港通商后的应激压强，8 年中整整增大了约 47 倍。

相反，中国 1843 年“五口通商”后，开港应激压强从 1843 年的 0.10%，增加到 1845 年的 0.28% 仅增加了 1.8 倍。但是，1846 年以后大清的进口总额反而呈下降趋势，并一直持续到 1858 年才回到 1845 年

① 东洋经济新报社编：《明治大正国势总览》，1975 年版。

② ［日］安藤平著：《貿易実務ダイジャスト》（《贸易实务》），2009 年 6 月刊。

③ 《中国对外贸易》，三联出版社 1958 年版。

④ 李康华编著：《中国对外贸易史简论》，对外贸易出版社 1981 年版。

的水平。这意味着在这 15 年中，中国开港后的进出口增加所形成的压力，几乎没有明显的增加。

因此，当时中国的“人均应激压强”异常微小，从 1843 年 0.026/10k，增加到 1845 年的 0.073/10k，仅增加了 2.8 倍，开埠 15 年后的 1858 年 0.088/10k，比 1845 年几乎没有什么变化，以至可以忽略不计。

这意味着，日本开港通商后的应激压强，为中国开埠通商后应激压强的 23.4 倍。

对当时中国的普通民众而言，“虎门销烟”、“鸦片战争”、“南京条约”和“五口通商”等，在今天看来无比重大的历史变故，在当时不过是多了一个“遥远的传说”，对他们自己数千年来男耕女织、慢条斯理的生活，几乎没有什么冲击和影响。

拥有庞大人口基数的中国，就像一头体型硕大无比的恐龙，在他缓慢的行进过程中，即便碰到些磕磕绊绊，对他硕大的躯体几乎无关痛痒。

因此，中国百年积弱的根本原因，是开港之初的“**应激压强**”太弱，国民大众在对外开放中受到的生存休感压力过小即便洋务派大臣们深感压力，只要多数百姓无动于衷，洋务运动依然难成大气候。

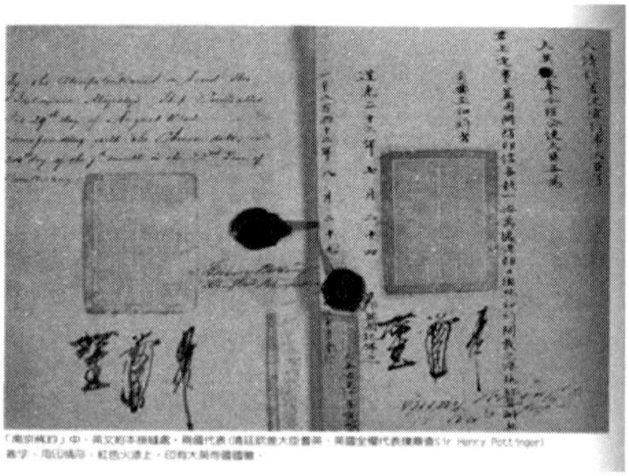

图 7-2 《南京条约》

清末，虽因人口膨胀人均耕地和人均口粮迅速下降，人均收入长期原地踏步，但大清朝还是可以自给自足的。这曾让1816年英国使团大为震惊：“人口如此庞大的国家乞丐如此之少令人惊异，对生活必需品的满意和享有，说明政府不可能是糟糕的。旧的阶层的中国人看来比同一阶层的人和欧洲人都更整洁，破衣、脏衣甚至旧衣服都不常见，所有兵站都整洁的用石灰粉刷、涂上颜色而且维修良好，农民住的都是整齐的砖砌房屋而非泥舍，寺庙美观而且很多。”①

这种状态一直持续到1895年的甲午战败。

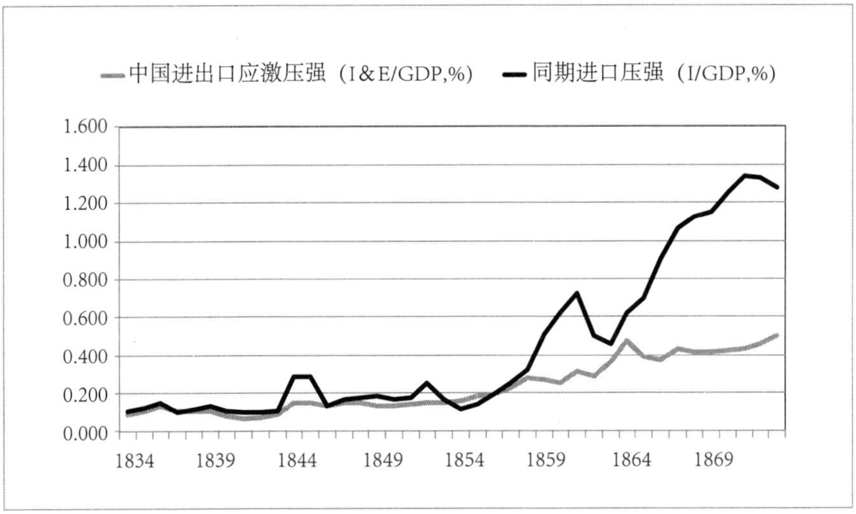

图7-3　中国南京条约后的应激压强（1834—1873年，I&E/GDP,%）
（数据来源：《中国对外贸易》②；《中国对外贸易史简论》③）

创办复旦大学的马相伯先生说：“我是一只狗，叫了一百年，还没有把中国叫醒。”不是中国人不愿意醒，而是闹钟的铃声足够微弱，绝大多数中国人根本就没有察觉，即便听到的一丝蝉鸣鸟语，也会觉得远

① ［美］罗兹·墨菲（Rhoads Murphey）：《东亚史》，世界图书出版社2012年版，第212页。

② 《中国对外贸易》，三联书店1958年版。

③ 李康华编著：《中国对外贸易史简论》，对外贸易出版社1981年版。

在天边、无关痛痒。

这一点充分反应在南京条约以后，中国工业化投资的结构上。中国早期工业化的总体投资结构，总得说是两个“三七开”。1840 年至 1914 年的 70 年中，在中国工业化投资总额 4.7 亿美元中，外商投资 3.2 亿美元占 66.8%。外商投资占 7，国内投资仅占 3，说明当时的工业投资 2/3 主要来自国外，中国国内资本（特别是地主的财富）几乎是无动于衷。

同时，在 1894 年以前的国内投资资本中，官商投资 4148 万美元占 2/3，民间投资 1389 万美元仅占 1/3。即，在同期中国的总体投资规模中，国内民间资本仅占 12.6%。

日本：海啸般的开港

日本在开港后的相当长一段时间里，开港应激压强始终保持在一个高于中国 23.4 倍左右的水平。

1792 年俄国使节拉克斯曼乘船来到虾夷地（北海道）的根室，随船带回了大黑屋光太夫等 3 名漂流民，并带来了俄国女皇叶卡捷琳娜二世的亲笔信，欲借引渡日本漂流民之机与日本通商。幕府向拉克斯曼颁发了长崎港的入港许可证。1808 年的戈洛夫宁事件，英国军舰“费顿号”突然闯入长崎港绑架了荷兰人。

外强威胁下的日本幕府，几乎成了惊弓之鸟：1837 年浦贺（今神奈川县）奉命对美国船“莫里森号”进行了炮击，逼迫其离开。后来“莫里森号”又出现在九州的萨摩湾也遭到萨摩藩的炮击。但不久后幕府才得知，“莫里森号”是来送还日本漂流民的。

对日本而言，面对外强有中国在鸦片战争中的完败为前车之鉴，它迫使日本于1842年废止《异国船驱逐令》(水野忠邦)，颁布《薪水给与令》，同意给外国船只提供燃料和食物，以求相安无事。外强的不断骚扰，让一些势力渐强的藩主开始摆脱束手无策的幕府，独自引进冶金、枪炮制造等西方先进技术。1830年佐贺藩建成了日本第一座反射炉，为铸造大炮提供精炼冶金。1829年，德川齐昭就任水户藩藩主，开始向虾夷地派遣调查船，还在藩内铸造火枪和大炮；1851年萨摩藩学习佐贺藩致力殖产兴业，在萨摩藩内建成了藩营工厂集成馆，除生产火枪大炮等武器之外，还生产玻璃工艺品、火药和化学药品。

1853年，依据《日美亲善通商条约》封闭了230年的日本国门，终于被强行打开。进出口贸易既如狂风暴雨，彻底打乱了日本社会和经济结构的瓶瓶罐罐。

日本1853年以后的进出口总额的增加如图6-4。出口从1860年的471万美元猛增到1865年的1849万美元，5年增长到了3.9倍；进口从1860年的166万美元增加到了1867年2167万美元，7年增长到了13.1倍[①]。邻居中国，1864年至1894年的进出口贸易总额从0.95亿两，增加到2.90亿两，30年中仅增长了约2倍。

在1859—1867年的8年中，开港对日本人来说简直就是一次海啸。1867年日本的出口额达到1209万美元，是1859年255万美元的4.7倍，相当于年均增长21.3%。同期的进口，从1859年的60万美元增加到2167万美元，增加了36.1倍，相当于年均增加56.6%。出口商品主要是生丝(75%)、蚕卵纸(3.9%)和茶叶(16%)。进口商品主要是棉纺织品和棉花、毛纺织品以及军舰等军火。生丝的出口一直占到当时日本出口的约70%。让几乎绝望的日本，获得一线喘息机会的是日本

---

① 日本贸易史研究会编：《日本貿易の史的展開》(《日本贸易史的展开》)，三嶺书房1997年版，第21页。

“蚕种（蚕卵纸）”的出口。当时欧洲蚕流行微粒子传染病，急需外来蚕种。日本的优良无病蚕种大量出口欧洲，1865 年日本蚕卵纸出口 72 万美元，到 1867 年猛增到 230 万美元，增加到了 3.2 倍。从数量上看每年约有 300 万张出口，最高时双方可有 40 倍的暴利。

日本著名经济史学家安藤良雄先生，把这种摧毁日本幕末封建体制的压力称为“经济炮弹”。它所造成的冲击，用灭顶之灾来形容也不过分（《日本资本主义の歩み》安藤良雄 著，讲谈社现代新书 1967 年版 p12）。

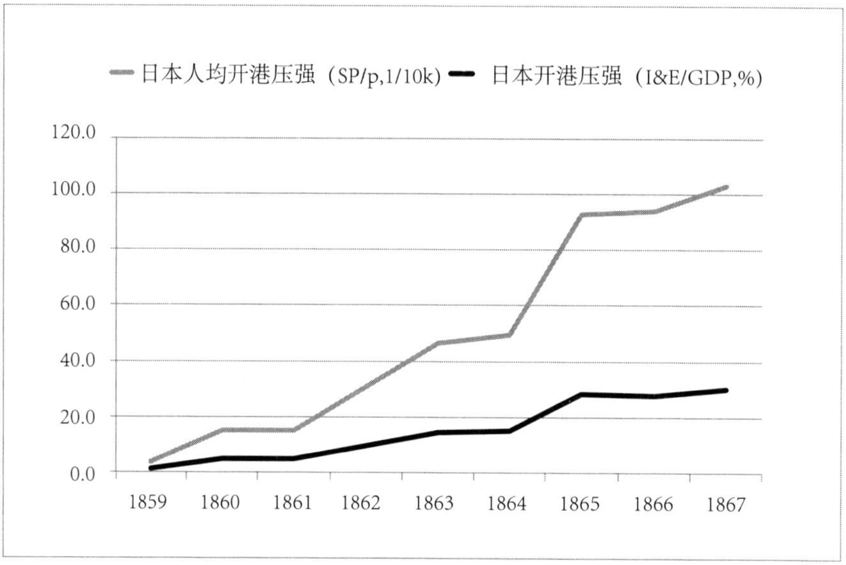

图 7-4 日本开港应激压强

（1859—1867 年，I&E/GDP%；SP/p，1/10k）

（资料来源：1，明治大正国势总览①；2，《貿易実務**ダイジャスト**》②）

日本 1853 年以后的国门大开，几乎是无遮无拦。1859—1862 年的

---

① 东洋经济新报社编：《明治大正国势总览》，1975 年版。

② ［日］安藤平著：《貿易実務ダイジャスト》（《贸易实务》）2009 年 6 月刊，第 45 页。

四年中，进出口几乎每年增长一倍。1860 年一年，进出口总额 637.2 万美元比 1859 年的 149.5 增长了 3.2 倍。次后的 1861、1862 年又分别比前一年增加，达到 1220.8 万美元。到了明治维新前的 1867 年进出口总额 3379.7 万美元，8 年增长到了 1859 年的 22 倍，平均到每个国民头上约 1 个美元。

“开港人均应激压强”（人均 GDP 与人均进出口总额的比值），从 1859 年的 1.2SP/p 增加到了 1867 年 30.2SP/p，增加了 25.2 倍，每个国民感受到的压力，平均每年增加 3 倍。这与中国 1843 年开港后的压强走势形成鲜明对照。

从图 7-5 不难看出，与日本开港后收到的“应激压强”的惊涛骇浪相比，中国几乎是一池平静的湖水。

从开港到明治初年，虽然日本外贸在 1859—1866 年一直保持黑字。出口总额从 1859 年的 89.1416 万美元，增长到 1866 年的 1661.6564 万美元，增长了 18.6 倍；进口从 60.3161 万美元增长到 1577.0949 万美元，增长了 26.1 倍。但明治维新前一年的 1867 年，贸易盈余却突然转为赤字。而且，1867 年一年的贸易赤字就高达 954.9 万美元，几乎是 1863 年以来的贸易盈余的总和。进口突然大幅增加，对日本社会形成了巨大的心理压力，日本开港后，最初的最大外贸港口是历史上最老的贸易港长崎，直到 1859 年还占进出口总额的 56.5%，横滨港仅占 36.8%；但从 1860 年横滨港的进出口额就攀升到 76.9%，1865 年甚至高达 91.0%[⑤]。

---

① 东洋经济新报社编：《明治大正国势总览》，1975 年版。

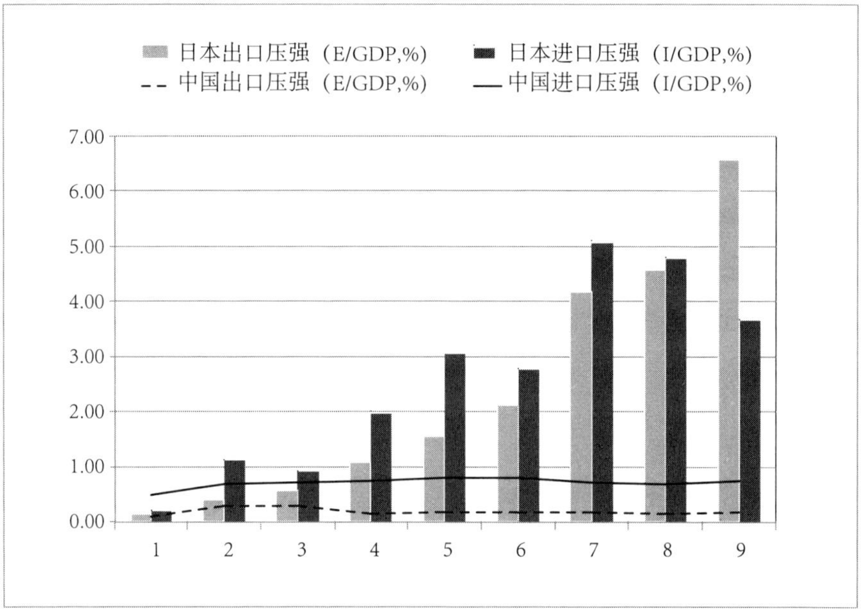

图 7–5 中、日开港后应激压强比较

（日本＝1859—1867 年；中国＝1843—1851 年；%）

（数据来源：1. 明治大正国势总览①；2.《贸易实務**ダイジャスト**》②；《中国对外贸易》③；《中国对外贸易史简论》④。图中横轴单位以开港为元年）

出口的迅速增长，导致了日本国内固有经济结构的急剧变化，许多原本就短缺的生活用品大量流向海外，特别是由于欧洲蚕虫传染病受灾引发欧洲蚕丝价格飞涨到日本国内蚕丝价格的 8 倍后，日本的生丝出口最高达到 99%。物价的上涨，以及商人阶层的越来越富有和强大。19 世纪 30 年代日本财富的 7/8 集中在富商手中⑤，导致商品更多被商人买

① ［日］藤平著：《貿易実務ダイジャスト》（《贸易实务》）2009 年 6 月刊。

② 《中国对外贸易》，三联书店 1958 年版。

③ 李康华编著：《中国对外贸易史简论》，对外贸易出版社 1981 年版。

④ 横滨市总务局市史编集室编：《横滨市史》第 2 卷，1999 年版。

⑤ 江秀平著：《走向近代化的东方对话》，中国社会科学出版社 1993 年版，第 32 页。

走，以致江户（东京）这样一个100万人，当时世界上最大的大都市圈，甚至出现了生活品短缺。

较低的出口税率（出口税率一律为5%），成为日本出口迅猛增加的另一原因。日本开港后的进出口关税的税率，按照日美通商条约由双方商定，棉、毛纺织品的大部分税率为20%，日英条约中棉纺制品降到5%①。由于欧洲市场价格数倍于国内价格，1861年日本生丝出口额占国内产值的97%；第二年竟高达99%，该年运往江户的生丝中，准备在当地销售的减少了3/4，这不能不引发日本国内贵族和上层丝绸服装原料的紧缺。

即便如此，日本出口蚕丝的价格仅相当于欧洲市场价格的一半（1861年横滨离案31法郎/里昂73法郎；1867年横滨离案63法郎/里昂104法郎）。

日本国内的商品价格，随着国际市场价格水涨船高之后，日本棉花种植业几乎全军覆没，这给当时在日本占农业人口1/3的棉农造成毁灭性打击。许多人沦为流浪者、佃农或雇工。11.5%以上的贫苦农民进入城市成为劳动者，劳动者人数的增加使开港后的工人工资几乎降低了一半。

生丝和茶叶的生产迅速增加，让部分农户成为富农（富裕蚕农的家庭收入增加了10倍），生丝的大量出口造成日本丝织业产量的锐减，甚至停业，导致6年时间里丝织业的重要产地西阵发生了两次织工暴动②。

进口英国洋布的大量增加，让日本的国产棉布的产量下降了约

---

① 孙承著：《日本资本主义国内市场的形成》，东方出版社1991年版，第93页。

② ［日］盐泽君夫，后藤靖篇：《日本经济史：经济发展规律的验证》，有斐阁1977年版，第227页。

50%（开港前=100；1867=59），织布业开始转向使用物美价廉的进口棉纱（1874年进口纱=29.66日元/100kg；国产纱=42.70日元/100kg）；引进纺织机械的纺织厂相继开业。这反而避免了日本像中国和印度那样，在英国“洋布”的冲击下民族纺织工业迟迟不得成长。最初使用进口纱做经线织出的布称“半唐”，全部使用进口纱的棉布称为“丸唐”。巨大的进口压力，迫使日本较早地走上自主发展纺织工业的道路，进入明治时代（1867年）以后，使用进口纱的国产棉布的量，就开始超过进口棉布。

与中国的情况截然不同，物美价廉的进口印度棉花，基本上可以说毁灭了日本的棉花种植业；英国洋布也将日本固有棉纺织业逼入绝境。后来日本的几乎所有棉纺织业，基本上都是从引进英国先进技术设备后从零开始的。

出口的增加，使出口商品量迅速超过了日本GDP的5%。商品大量出口导致生产环节跟不上，于是商人一再提高购买价格，日本国内物价持续上涨（外商购买日本黄金套利导致大量白银流入）后，包括稻米、水油（菜籽油、灯油）、蚕丝、丝织品等许多商品不再流向江户。与1859年相比，1867年日本国内茶叶的价格上涨了100%；同期生丝的价格上涨了200%。跟随其后，大米（3.6倍）、大豆（5.2倍）、菜籽油（4.6倍）的价格也都随之上涨了3~5倍。

德川幕府不得不颁布《五品江户迴转令》，要求生丝、杂谷、水油、蜡烛、和服这五种商品必须先满足江户城的供给后，再行出口。这受到商人和洋人以“政府垄断妨碍自由贸易”为理由的强烈反对，实际上没能实施。

物价飞涨，导致当时日本国内民怨沸腾，成为民众拥戴“倒幕攘夷”运动的重要社会基础。

封闭了230年后的突然开港，把日本放到了烧烤的炭火之上，谁也不知道对外贸易的猛增，最坏会导致什么结果，谁也不知道自己明天还能不能像过去那样生活。只有一点是明确的：开港前四平八稳的社会生活一去不复返了。

“生存危机”在发酵

高压之下，日本社会的“生存危机”在发酵：

第一，日本的所谓“富国强兵”不仅是国家领袖集团的一厢情愿，或知识精英先知先觉的“启蒙运动”，而是成为了一场全民参与的救亡求生总动员。“黑船”压境带来的外部压力以及中国鸦片战争失败被迫开港通商的前车之鉴，都让日本无路可退。生存危机让当时日本人的每一根神经、每一块肌肉、每一个脑细胞都被最大限度地调动了起来。

第二，开港通商还使日本社会迅速两极分化，在开放中收益最大的是商人阶层，他们不仅在外商的贸易中充当“买办”，收取不少于15%的佣金，同时还是金银差价买卖中的受益者。那些唯利是图的商人就会冒着“重刑”的危险，把金币（大判、小判）装到和服的长袖里，偷偷装到洋人的居住地交换白银，整个日本的财富被外商大量吞噬。那些外国商人用金银差价交易中成倍赚得的白银，从日本买走丝绸、大米和陶瓷器，再卖往国外，几乎是无本万利。在开港中迅速积累财富的日本商人资本，成为工业化的重要投资源。

第三，在1868—1905年工业化的整个近40年的过程中，日本人均高于中国110倍的积累规模，并非一蹴而就的朝夕之功，而是在近半个世纪中3500万民众夜以继日地拼命工作、勒紧裤带的积蓄和顽强拼搏前赴后继，并将创造出的财富不断集聚、组合、优化的结果。这很像踏上新大陆后的那些欧洲移民以及1979年拔地而起的8亿中国贫苦大众。

那么，开埠后中国的“应激压强”怎么样呢？

中国：平静如水的开埠

鸦片战争前的1837年，从英国JM商会的对中贸易统计数据看，中国的进口有不断增长的趋势。根据《南京条约》，1843年广州、厦门、福州、宁波、上海五个口岸开港通商后，虽然最初2年蚕丝和丝织品（约占30%）、茶叶（约占50%）的出口量有所增加。所以，英国人才下决心即便“流血牺牲”，也要砸开中国的大门。

但从1845年《南京条约》实施以后，被视为洪水猛兽的鸦片以及英国“洋布”的进口增长速度反而有所放缓。这主要由于中国国内土产鸦片数量的迅速增加，以及中国贫苦大众还是买不起英国洋布。英国曼彻斯特的机织棉布，从1786年开始就向中国出口，但并不大受欢迎。1840年前后，中国进口的英国棉纺织品，才开始超过中国棉纺织品的出口，直到27年后的1870年，棉纺织品才占到中国进口总额的31%，还不如鸦片、铅、锡、水银等五金矿产品的位置重要。

开埠早期，中国的进口不升反降的另一个重要原因，是走私（特别是鸦片走私）的猖獗。据英国领事雷顿（T. H. Layton）估计，1846年仅厦门一地走私就占约13%；广州港正常缴纳关税的比率仅占1/3～1/2[①]。

1851年英国对中国出口棉花4.3百万包、棉布114.9百万码（1码=0.9144米）；1860年棉花8.7百万包（比1851年年均增长8.1%）、

① 李康华编著：《中国对外贸易史简论》，对外贸易出版社1981年版，第209页。

棉布222.9百万码（年均增长7.6%），棉花进口的增长率高于棉布进口。1870年棉花11.6百万包（比1860年年均增加2.9%）、棉布396.9百万码（年均增加5.9%）。比之1860年以前的10年，1860—1870年的10年，不论棉花还是棉布进口增长率都在下降，其中棉花的下降速度更为显著。这让不惜流血牺牲，也要打开中国市场的英国政府和英国商界，大惑不解。JM商会通过兴泰、同顺、广利、孚泰等18家商行，对中国总进出口额约1324万西元（西班牙元，下同；11.49西元/1英镑），其中中国进口棉花214万西元（26%）、棉纺织品82万西元（10%）、鸦片528万西元（64%），总计824万西元（71.7万英镑）；出口茶叶274万西元（55%）、生丝224万西元（45%），总计498万西元。贸易赤字326万西元，如果不含鸦片中国贸易黑字202万西元。在开港前的最后5年，中国蚕丝年均出口量约4314担，1850年增加到16000担，增长了约4倍；再到10年后的1860年进一步增长到60000担，又增长了约4倍。1870年生丝出口2100万海关两（1海关两=1.114上海两），丝织品约200万两相当于生丝出口的1/10。[①]

1847年，英国政府议会设置的专门委员会提出的一份研究报告，虽然相当庸长，却几乎不得要领。1852年当时的香港总督米歇尔（W. H. Mitchell）提出的一份报告书也称：英国向中国的棉布出口数量，一直比人口少于中国一半，而棉纺织业曾经异常发达的印度少50%的主因，是中国人的棉布长年自给自足，且价格比英国机织棉布便宜。这份报告在6年以后的1859年才送到议会手中[②]。

《南京条约》后中国的进口不振，除了中国土布相当便宜以外，以

---

① 《中国对外贸易》三联出版社1958年版，第23页。

② ［日］石井摩耶子著：《近代中国とイギリス資本》（《近代中国和英国资本》），东京大学出版社1998年版，第16页。

下两大因素在当时并没有引起英国人的注意：第一，始于1851年的太平天国农民暴动，使中国南方6省的半壁河山陷入战乱，整个流通、运输渠道受到极大干扰。开港7年后1850年中国进口总额刚刚有所抬头，太平天国爆发后的1851—1854年，进口就突然转呈萎缩态势。

第二，太平天国这样超大规模的农民暴动，使此前中国农村的绝对贫困愈演愈烈。进口洋布的很多优点主要是对民众而言，官宦和有钱人家依然会以绸缎为主，而贫苦大众只要自己织布可以遮体，绝无高价购买洋布之闲心。就是说，有钱的不买，没钱的买不起。

当时熟悉中国情况的JM商会代表，在英国国会作证："贸易受到限制，主要是由于政治方面的障碍"后，"为商人开道、保驾护航是政府的责任"的典型"重商帝国主义"的政府立场，敦促英国以"中国政府不续约南京条约"为契机和借口，以及"亚罗号事件"、广西"西林教案"（马神甫事件），1856年英法联军发动了"第二次鸦片战争"。

1864年以后，英国的对中国出口比之前确实有所增加，但那既不是诉诸武力的硕果，也不是英国的洋布比以前更结实、更便宜，而是太平天国动乱平定后中国市场本身的恢复。

当时欧洲列强对中国总的方针是"打开中国"，而不是"挤垮中国、取而代之"。因为中国既不像美洲印第安人那样原始曚昧、一盘散沙；也不像越南、菲律宾那样可以一口吃掉。比如在炮舰垄断大航海的时代，荷兰几乎征服了半个世界，却被郑成功打得丢盔弃甲，不得不放弃台湾。

1844年开港一年后，中国的进口依旧以棉花683万美元为主（棉布577万美元），这两项约占英国全部对华出口总额1925万英镑的65.5%。英国的对华出口，约占中国总进口额2376万美元的81.0%；法国对华出口总额244.5870万美元约占10.3%，英法合计约占

91.3%。中国的棉花进口远多于棉纺织品的进口，表明英国工业革命的核心成果“洋布”，当时并不比中国人进口棉花、自己织布来的便宜。

影响进出口贸易的一个重要因素是关税。中国自清康雍乾时代以来的进出口税率一直很低，但背后各地方海关在国家关税（正税）之外，每每随意增加杂税和手续费。如英国商人在1843年1月13日的信件中诉苦：广东海关官吏和地方官吏征缴的正税以外的手续费和杂税累计相当于正税的平均2~3倍，最高可达4倍；其中以茶叶的增缴为最甚，一担茶叶正税2钱，但其他附加税则高达1两2钱4分，加上地方公所的杂税，会高达2.5~8.5两，是正税的44倍。[①] 这成为英国等列强在《南京条约》后，之所以一定要监管中国海关和关税的一个重要原因。

于是，曾经创造过灿烂物质和精神文明的中华帝国，虽然同样直面汹涌澎湃的工业革命大潮，却远没有像日本那样体感到剧烈的“震感”。广州人照常在烟塌上吐着烟圈；北平人依然品着大碗茶、吃着炸酱面；慈禧太后张罗着过生日；地主乡绅忙着兼并土地、戏院青楼。

悠悠帝国，直到连为太后祝寿新修的园子都被洋人付之一炬之后，才如梦初醒时，而日本那时已经在1905年前后快马加鞭地完成了工业革命，甲午战争怎么可能打赢呢？

而且，中国百姓逼急了可以“闯关东”、“走西口”；慈禧太后逼急了可以逃到承德和西安；而在日本人的背后却只有太平洋和日本海。

中国和日本，虽然同时面对外国列强的开港通商，超级人口大国基因，决定了中国当时所受到的生存“体感压力”只有日本的1/23，因此也就没能激发出中国人的巨大潜能，最终导致工业化投资规模比日本低了11倍。

---

① ［日］稻叶君山著：《清朝全史》下卷，第155页；周志初著《晚清财政经济研究》，齐鲁书社2002年版，第112页。

日中两国到120年前的甲午战争时，之所以出现如此巨大的差距，其内在“应激突变”的逻辑就在于此。

此后的演变就耳熟能详了：工业化投资规模，决定了经济发展水平和工业基础，进而决定了国家税收的总体规模和政府财力，富国强兵和扩军备战，也就成了美好愿望下的“纸老虎”。

凭借甲午战争的胜利，日本如一轮冉冉升起的朝阳，出现在世界的东方，生机勃发；大清帝国则千疮百孔、百病缠身、摇摇欲坠，像一轮浩大的如血残阳，加速沉入暮年。

由此，整个世界的力量格局为之改观。

中国清末开始的百年积弱，并非任何偶然因素所致。从历史的犄角旮旯里，搜检出一些偶然事件的碎片，试图从中找到掩盖耻辱的“遮羞布”的做法，不过是一时的自欺欺人之举，对于中国人认识自我、以史为鉴、把握民族今后的命运裨益甚少，没有也罢。

对近代中国百年积弱背后必然逻辑的解读，脱离“人口超级大国基因”和“开港应激突变”，别无他解。正是中国血脉中的“人口超级大国基因”，注定了这个曾经有过灿烂文明成就的庞大帝国，在人类工业革命的变局中，犹如身躯庞大而笨拙的草食恐龙，必然反应迟钝、行动迟怠；而“开港应激压强”过弱，又让当时的中国人，没能激发出如明治维新后的日本人所迸发出的那般超常能量。

180年前同在东亚起步，那次日本的勃然日出和中国的悄然日落，在所难免。

斗转星移。120年——中国纪年的两个甲子轮回过去后，中国通过改革开放以来30年的经济高速增长创造了“中国奇迹”。2013年的GDP总量已经接近日本的1.5倍，中国2012年8.22万亿美元；日本

2012 年 5. 98 万亿美元；而作为当年明治维新和战后经济高速增长中的佼佼者日本，却从 1990 年泡沫崩溃后，经济步履蹒跚地停滞了 20 多年，宛如进入了“冬眠”。

此番的回天逆转，又是如来佛的哪般造化？

下篇

“中国奇迹”&“日本冬眠”的背后

1972 年 9 月，刚刚上台两个月的田中角荣首相，就毅然顶着自民党内甚至让他剖腹谢罪的压力，前往北京与中国建交。临行前一天，这位庶民铁腕首相，整整打个七个小时的功夫球以缓解精神压力。

《楚辞集注》之豁

（图为毛泽东 1972 年 9 月 27 日晚 8 点会见田中角荣后，赠书《楚辞集注》释恩怨①）

7 年后的 1979 年 12 月 5 日，不论是否作为中国放弃战争赔款的补偿，大平正芳首相携 3309 亿日元低息贷款和援助项目访华时，日本的 GDP 总量 2.27 万亿美元是中国 1.76 万亿美元的 1.29 倍，人均 GDP 2.0549 万美元是中国 207 美元的 99 倍。那时的日本，刚刚以 GDP 6% ~7% 的增速创造了战后高速经济增长奇迹，绝对没把 GDP 增速只有 1% ~2%，还需要日本援助的中国放在眼里。

路转峰回，沧海桑田。

2010 年成为一个历史的转折点。经过中国人 30 年含辛茹苦、艰苦卓绝的不懈努力，中国的 GDP 总量终于在这一年超过日本排名世界第二。同时，以制造业总值 57690.8 万亿美元排名全球第一。中国制造业

① 内文图片来源于：CFP /Getty Images。

产值占全球23. 4%，超过了美国和日本之和。美国制造业29929. 7万亿美元占全球12. 2%；日本12696. 75万亿美元占全球5. 1%。

那么，中国的资本积累和经济增长怎么会如此之快，莫不是从天上掉下来？

第一章　苦涩的辉煌：中国式“重投资主义”

所有经历过那个时代的人们，今天回眸 1979 年的中国，都会觉得宛如隔世。无数催人泪下的往事和心酸记忆，总会让人不堪回首。

悲凉的起点：崛起前的中国

那是一个几乎所有商品都要凭“票”购买的时代，拥有票证成了城里人的一种特权。任何一种票证：“肉票”、“油票”、“麻酱票”、“布票”、“棉花票”、“茶叶票”甚至“粪票”等等，最后都变成了一种变相货币，可以交换和调剂。但商店的柜台却永远是空空如也，“凤尾鱼罐头”和“午餐肉罐头”，曾经是当时商店货柜上价格昂贵的最高档的食品。

进友谊商店购物，才能买到各种国内市场买不到的东西，但需要“外汇券”。而且，友谊商店门口会有警卫严格盘查护照；街上的所有机动车辆，不管摩托车还是汽车都不会是私人的；“上海表”和“海鸥表”、“凤凰牌自行车”和“飞鸽牌自行车”、“蝴蝶牌缝纫机”等是最高档的不动产。城市中几乎所有的住房都是国家分配的，结婚时的家具很少有买的，大多都是自己或找人来打。

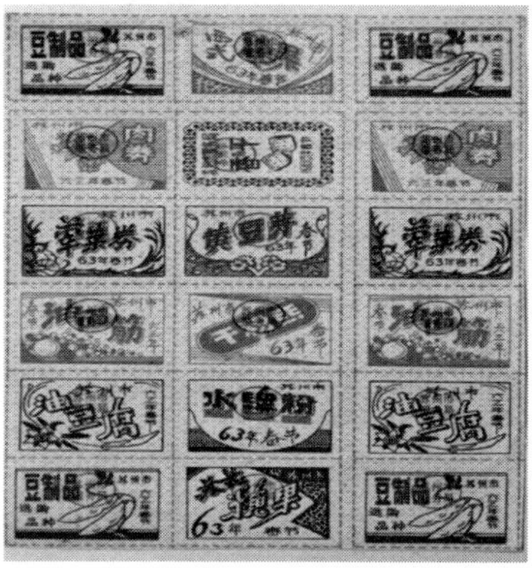

图 1–1　票券

（图为苏州市 1963 年发放的春节供应券，包括油票、豆制品票、肉票等①）

农村的很多孩子没有鞋穿，学校没有电灯，老师的粉笔不够用。山西雁北地区山区的贫困农户全家四口，儿女已经到了谈婚论嫁的年龄，可是全家只有一条裤子（那会是一条根本看不出最早布料和颜色的裤子，谁出门的时候谁穿）；没钱买宣纸糊窑洞的窗户，只能用《人民日报》替代，到了严冬报纸也被北风吹破，寒风吹进窑洞全家抱在一起取暖，没有藏身之地。

1978 年凤阳县小岗村 18 位衣衫老旧、面色饥黄的农民在“大包干合同”上按下手印后，不是相约“苟富贵、无相忘”，而是发誓如果有人为此蹲监狱、掉脑袋的话，要相互关照遗属。照亮那纸合同书的是一盏昏暗的煤油灯。

1979 年香港农民每天收入 70 港币，是广东农民每天收入的 100 倍；1978 年 10 月邓小平访日期间，应邀坐完时速 260km 的新干线高铁后，只说了一个字：“快。”

中国为什么可以仅仅用短短 30 年的时间，就完成了 GDP 总量超越日本的壮举？

① 内文图片来源于：CFP/Getty Lmages.

图 1-2 窑 洞

（图为河南省三门峡市陕县西张村镇庙上村天井窑院①）

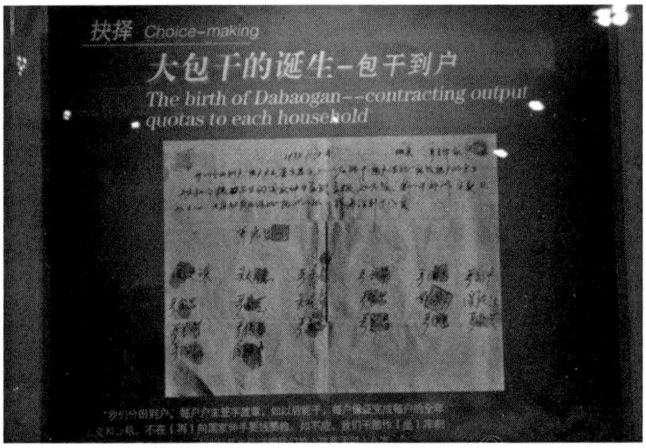

图 1-3 小岗村“大包干”

（图为“大包干”的发源地安徽省凤阳县小岗村当年所书写的生死文书。②）

长期以来有着无数的文件和研究成果，学者们列举了林林总总的根

① 内文图片来源于：CFP /Getty Images。

② 内文图片来源：CFP /Getty Images。

源和前提，其中最多被提到的莫过于“改革”和“开放”，或者说归结于中国社会和经济制度的大胆变革。30 年来中国经济的连续高速增长，会给人一种错觉，由于表面上似乎所有今天中国的经济成就，都是改革开放带来的变化的结果，似乎制度变革对国民经济发展而言是唯一重要的。

制度变革无疑重要，但仅强调制度变革还不足以揭示中国近代以来社会变革和经济发展最深层的全部基因和元素。例如，鸦片战争后中国也处于被开放的状态中，而明治维新后表面上的“君主立宪”，在本质上是从“大名”封建割据，向中国式中央集权的转变。那么，中国也曾力求“富国强兵”却为什么没能超过日本，打赢甲午战争？

1911 年的辛亥革命对于晚清中央集权的专制体制，也是一次翻天覆地的革命和变革，为什么中国还是迟迟没能完成工业革命？

事情并非那么简单。改革开放对于 1979 年处于计划经济体制下的中国转型至关重要，但决定中国这样一个后进国家赶超发达国家的诸要素中，体制不过只是三大要素之一。

“中国奇迹”价值几何？

一个国家经济发展的核心是收入的增长。社会福利、医疗保险、脱困扶贫、卫生教育、西部开发、文明进化等其他所有成就，都只能以财富为基础。只有 GDP 显然是不行的，但没有 GDP 是万万不行的。

“中国奇迹”的价值：2013 年中国的 GDP 总量 9.18 万亿美元，是 34 年前 1979 年的 52 倍。相当于 34 年中每年多增出 1.5 个 1979 年的 GDP。此间，中国年均 GDP 增长率高达 12.6%，为人类近代收入增长史上绝无仅有。

2013年的人均GDP为6747美元（数据来源：IMF）是1979年207美元的33倍。这意味着国家和企业实力增强的速度，超过国民收入的成长。

不论中国35年来GDP增长速度如何之快，都是净投资的增长（总投资-折旧=净投资）的结果。1980年至2013年中国GDP总量65.78万亿美元，净固定资产投资总额约29.7万亿美元（中国折旧率低于0.06%，可忽略不计），净积累率平均持续高达45.2%。中国的收入（GDP）增量总和9.03万亿美元，投资收益率30.4%，总投资回报率相当可观。

这意味着，这是一个总体平均3.3年就可能收回投资的时代，当然也就会是国外资本纷纷涌入中国的动因之一。

第二章　中国式“重投资主义”素描

在决定收入增长的三大要素（净投资率、平均利润率、工薪率）中，净投资（净投资=总投资-折旧）的增长率至关重要。战后60年来中国与日本此消彼长的发展历程，就是最好的佐证。

从图2-1看，中日两国经济高速增长时期的路径和走势如此惊人地相似。

如此庞大的中国净投资，是怎么汇集起来的呢？

始于1979年的中国“改革”和“开放”，开启了中国的三扇大门：第一是经济主体私有化；第二是外国资本自由进入中国；第三是国有资产股份化。中国30年来高速增长的几乎全部积累，基本上是通过这三个大河汇成江海的。

中国式积累之一：牙缝中的“中国首富”

中国的资本原始积累，很像16～18世纪赤手空拳、单枪匹马来到美洲的欧洲移民。新一代中国财富创造者的基本特征就是：“身无分

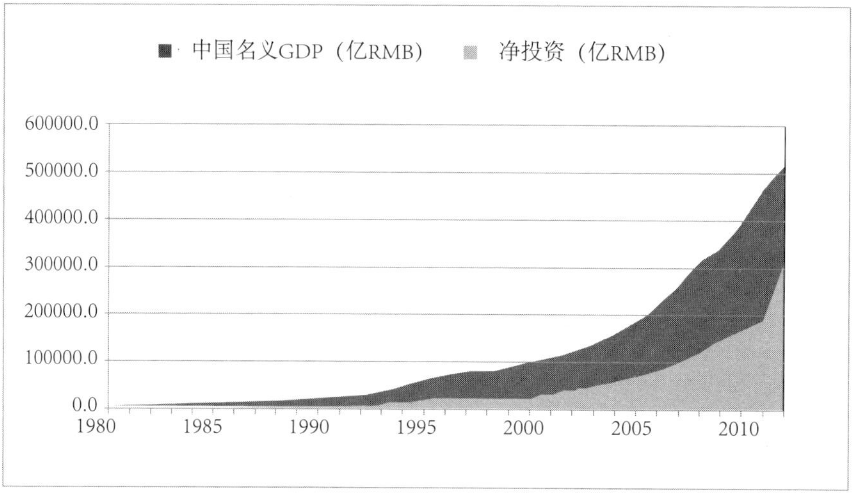

图 2-1　中国名义 GDP 增长 & 净投资

（1980—2012 年，亿人民币）

（数据来源：中国国家统计局《中国统计年鉴》）

图 2-2　广东省中山市建筑工地上的女工们①

文”、“白手起家”。他们是中国当时的那一批不甘贫穷、敢冒风险、真正从“零”开始的创业者；同时也是“中国式商海”大浪淘沙后仅存的佼佼者。

① 内文图片来源：CFP /Getty Images。

这与当年14、15世纪英国富人盘剥农民的圈地运动，18世纪30年代始于棉纺织业的英国中小工厂主背水一战的工业革命，和以日本商人、武士为主体的“富国强兵”有着明显的区别。

20世纪80年代初期的中国，30年经济徘徊和结构不合理（第三产业发展不足）的积累，面临着庞大的人口就业问题。大学毕业生、中学毕业生面临就业，退伍军人面临就业，及1985年100万大裁军、1700万“上山下乡运动”结束后的320万回城知识青年的就业问题，以及农村承包责任制后游离出来的闲置劳动力面临的就业问题。

1988年6月，《中华人民共和国私营企业暂行条例》颁布，中国开始从法律上保护私营经济。1989年底全国登记的私营企业9.06万户，雇工164万人，注册资本金总额844776万元；到2002年私营企业达到243万家、从业人员3409万人。私人、个体企业占GDP的比重，从1989年的3.86%，提高到2000年的18.04%。在2012年中国企业总数828万家中，国企约16万家仅占1.9%、国有企业利润2.19万亿元，仅占同年GDP的4.4%；私人企业1085万家，就业人数1.13亿人。

正是这些今天看来不可思议的努力，换来了1980年人均GDP 463人民币增加到2012年人均38459人民币，32年间增长了83倍。

“万元户”，是改革开放初期中国经商和原始积累的一个强力催化剂。万元户首先出现在农村，特别是城乡结合部。1980年4月18日新华社通讯《雁滩的春天》中，甘肃兰州雁滩公社社员李德祥，从队里分了一万元钱，社员们把他家叫做“万元户”、“村里的高干”。联产承包责任制、包产到户极大地调动了农民的生产积极性。在那个1949年以来连年战争（朝鲜战争、中印边界冲突、中苏边界冲突、中越战争等）、军备环境下，轻重工业结构严重失调的中国，几乎成了一块吸食农副、轻工产品的巨大海绵。1979年北京“四君子”提示了“国民经济到了崩溃边缘”的警示，他们给出的政策建议，对形成以先调整后改革为主旨的“八字方针”做出了贡献，结构调整使中国农牧及轻纺工业迅速抬头。

那时候的农村，无论你能生产出什么，粮食、蔬菜、鸡鸭、猪肉、芝麻香油、花生米、竹制衣架、松花蛋，马上会被抢购一空。此后很快，各地出现了不少“万元户村”、“万元户镇”。1981 年的 1 万人民币差不多是一般工薪阶层 16 年的工资收入（相当于平均月工资 50 元的 200 倍），可以买 10 吨猪肉，或 55 吨稻米，或 10 台 14 英寸黑白电视剧。

在城市，首先脱贫致富的，往往是那些在国营企业经常迟到早退、纪律涣散、不安分守己的边缘分子。他们被除名之后被逼“下海”，反而捷足先登先富了起来。在路边叫卖用报纸包装的“大果仁”（炒花生米）、傻子瓜子、茶鸡蛋、豆浆油条等等。抱一台“海鸥”相机在大连老虎滩给游人拍照，一天也可以挣到几十块钱（相当于普通工人一个月的工资）的姜维，今天成为“光彩中国实业集团”董事长。

1978 年 11 月 27 日，中科院 34 岁的工程技术员柳传志看到《人民日报》登载“养牛”的报道，他敏感地预感到政治优先、阶级斗争的时代即将过去，“气候真是要变了！”1984 年，他带着 11 名科技人员（中科院计算所投资 20 万元人民币），创办了今天成为年收入 168 亿美元的，世界第 4 大计算机制造商的“联想集团”（美国《财富》杂志 2008 年度全球企业 500 强排行榜第 499 位）。

不论在中国 30 年经济高速增长的背后，有多少风风雨雨、阴阴暗暗，今天的中国都是中国人从 35 年前开始勒紧裤带、缩衣节食、省吃俭用、斤斤计较换来的，没有更多捷径和奥秘。

今天，对于恩格尔系数 40.4（2011 年）的中国而言，平均高达

45.2%的总积累率意味着什么呢？它意味着在基本饮食以外，包括住房、交通、娱乐、旅游、医疗等全部费用每人每个月仅仅36美元（每年仅约2846人民币）。这在发达国家几乎是不可想象的，因为36美元还不够东京每人每月坐地铁的月票钱。

中国的高积累，是从每一个中国老百姓的牙缝里省出来的：发达国家普通人用3年就换的自行车，中国人会骑15年也舍不得换；甚至最早的快递和送货（配矿泉水、送快递、市场调查、上下班等）都是靠自行车；改革开放初期城市里最新型的一个行业，是农村人蹬着三轮车把城里人淘汰的家具和沙发倒卖到农村，著名导演张艺谋就在电影《有话好好说》中扮演了这样一个角色。至今，甚至把收来的过期药品卖到缺医少药的农村，仍然是一个赚钱的营生。

“崩溃边缘的挣扎”

当年，天津大邱庄的乡镇轧钢企业，会让膀大腰圆的女工坐在一根撬杠上来增加轧钢机的压力；山东临沂的胶合板生产厂，雨季干燥不足工厂老板会拿来自己家的电风扇，以增加“干燥设备”。

不仅货车，只要拉货上路，几乎所有车辆都会超载，于是日本的二手卡车轮胎在当时最受欢迎，它可以保证你超载一倍也会比国产轮胎多跑4倍的路途。

几十年的艰苦奋斗下来，钱是赚到了，可省吃俭用也成了“毛病”。上世纪80年代的那批企业家，没有哪一个会像80后、90后的年轻人那样，眼睛都不眨地花钱消费。应酬场面时可以故意大手大脚，之后心里却会挣扎好几天。

图 2-3 淮安市郊区农村农民驾驶拖拉机运输稻谷粮食①

在“百万民工下江南”的时代，这些甘愿从事城里人不愿干的工作、拿最低收入的劳动者，当时被称为“盲流”，属于公安局的遣散对象。他们在农村的子女成为一代自幼不在父母身边的“留守儿童”，即便在大城市周围仅有的几个“农民工子弟学校”，只是由于他们是“农民工”的孩子，就不能和他们身边同龄的城里孩子一起升学或高考。

“北漂”和进城潮

改革开放以后，从“安徽小保姆”到大学毕业生，数亿有志青年

① 内文图片来源：CFP /Getty Images。

图 2-4　农村的孩子们

（图为云南昆明贫困山区的一所小学里，孩子们正蹲坐在简陋的校舍旁吃饭①）

从中国的农村、城乡结合部涌入中国大城市。他们中的很多人后来在北京扎下了根。2008 年北京人口 3074 万人，其中户籍常住人口比 1989 年净增 680 万人。

城市人口的增加本身就是“城镇化”过程的一部分。就投资而言，在中国城镇化过程中，“北漂”等模式不仅是农村人口向城市的流动，也意味着农村变革后创造的财富向城市的集聚。这不仅夹裹在进城人口的谋生投资中，而且也包括农村父母帮助进城子女购置房产。这些财富和资本的流动，与日本战后大量农村青年进城“集体就职”的人口移动，以及美国城镇化过程中主要通过银行的投资过程比较，别具特色。

在这些进城者或农民工中间，走出了不少成功的“创业者”和企业家、艺术家和作家等。创业成功后的他们成立了各种“基金”，专门扶助那些从零开始，得不到任何资助，举步维艰的创业者。资本就是这

① 内文图片来源：CFP /Getty Images。

样在他们自己的圈子里滚动，雪球越来越大。

图2-5 群租生活

（图为北京一间群租房屋内，最大的客厅约24平方米，摆放了6张上下铁床，一共住满12人①）

正是这些人把可以赚到或节省下来的钱，一分一分地汇集起来，干起了让任何人看来都不可能成功的实业。千万条这样的涓涓小溪，汇成了今天中国民营企业蓬勃发展的洪流。

他们中间有下岗工人、待业青年、退伍军人、回城知青，也有一批经过大风大浪洗礼的知识精英。1990年仅以借来的5万人民币，不得不“下海”的郭凡生创办的慧聪公司，2003年在海外上市，一夜之间创造了126个百万富翁。为了让更多人实践自己的成功理念，他的“股改班”学员已近5000家。

1987年，杭州市上城区校办企业经销部成立，娃哈哈创始人宗庆后带领两名退休老师，靠着14万元借款，靠代销人家的汽水、棒冰及文具纸张赚一分一厘钱起家，开始了创立杭州娃哈哈集团有限公司。现

① 内文图片来源：CFP /Getty Images。

在全国29省市建有58个基地近150家分公司，总资产300亿元、员工近30000人。2012年宗庆后夺中国首富桂冠。

成都肉联厂出身，靠猪小肠提炼药物致富1964年出生的李锂，1998年4月创立海普瑞实业，到2010年的短短12年，就跃身与中国首富等价（股票上市前）。

乡镇企业的星星之火在这几十年中，顽强地在中国大地上蔓延。截至2013年2月，中国实有个体工商户约4060万户，从业人数约8000万，资金总额约2万亿元。截至2012年9月，登记注册的私营企业数量突破千万，达到1059.8万家。1980年12月，浙江温州颁发了中国第一张“个体工商户营业执照”；1981年7月7日，国务院发布《关于城镇非农个体经济若干政策性规定》；1982年邓小平提出对私营经济要采取“看一看”的方针；1988年4月，第七届全国人民代表大会第一次会议通过宪法修正案，确定了私营经济的法律地位和经济地位，即国家允许私营经济在法律规定的范围内存在和发展。1988年，中国开始对私营企业进行登记。“苏南现象”、珠三角“前店后厂”模式，一时成为广泛讨论和争相效仿的对象。2002年，全国人大常委会颁布《中小企业促进法》；2004年3月，“公民的合法的私有财产不受侵犯”写入宪法。

而55年前的1959年底，全国农村陆续建立的小工厂也不过70多万个、从业500万人、产值100亿元，仅占当时全国工业总产值的10%。

上海一家叫“上海市工商办爱国建设公司”的企业，它后来被认定为中国第一家民营企业。1979年5月1日，北京烤鸭店和平门分店开

图2-6 分红大会

（图为海南三亚321户农民入股村办企业，领610余万元分红①）

张时，恢复了“全聚德烤鸭店”的金字招牌。广州等地则出现了一些服务公司，旅游业开始起步，报纸上也开始讨论宾馆是不是也可以实行企业化管理。1975年靠45万自筹资金创办的“沙钢”，目前营业收入总额2072亿、利税104亿人民币，本身就成了一个神话。

“光彩”的成就

在公有制制度占据主导地位30年后的那个时代，个体户、小商贩、个体经营、私人企业都成了一种不光彩的象征。当年从事这些行业的人，身无分文借来几百人民币创业的艰辛，自己既是老板又会和员工同样干活，经营亏损带来的懊悔，再创业的艰难压得他们喘不过气来，但更让他们沮丧的是在人们面前抬不起头来：邻居的白眼，同学们鄙视的目光……在今天那些光彩照人的成功和财富背后，有着私营企业者一代

① 内文图片来源：CFP /Getty Images。

人含辛茹苦、卧薪尝胆的艰苦卓绝奋斗。

胡耀邦的一句：“光彩！”让千千万万的个体户，开始堂堂正正地站在了世人面前，靠劳动致富、凭本事挣钱。1983 年 8 月 30 日胡耀邦在会见全国发展集体经济和个体经济安置城镇青年就业先进表彰大会代表时，作了题为《怎样划分光彩和不光彩》的讲话，肯定了只要靠自己劳动就是光彩。

1978 年，扬州的一个修表师傅，贷款 400 元开始从事钟表修理，后来发展为固定资产 100 多万元的经营大户，拥有两处门市，一个美容院，一个商场，职工 20 多人（其中安置失业人员 12 人）。

2010 年 7 月 28 日，“中国乡镇企业博物馆”在江苏省无锡市锡山区东亭春雷造船厂旧址正式开馆，为这个时代树立了一块纪念碑。这个皮革城附近的造船厂，就是中国最早的乡镇企业之一。

对于人口小国的等量外来冲击，相对人口超级大国而言，只不过是隔靴搔痒，正如突然开埠通商后，进口商品量对日本和中国“冲击感受度”的不同。相反，当加速积累进入轨道后，即便贫富差异较大的中国，超大人口基数点点滴滴聚集的总体能量也会非同小可。

自 1733 年工业革命刚刚崭露头角时代的近 300 年来，中国人口占世界 1/5 以上的格局就几乎没有改变过。除了人口大国承受外来压力的承受力较强外，中国的官本位也会成为其他国家不易理解的蹊跷。在今天的中国，多数项目要成大气候，还得有官方的“支持”。于是，各种利益和权势就盘根错节地纠缠在一起，剪不断、理还乱。

中国 1980—2013 年改革开放后翻天覆地的 34 年间，中国净资产投资总额约 29.7 万亿美元；当年，日本战后投资热火朝天的“高速增长时期”1960 年至 1989 年的 30 年中，日本固定资产净投资总额也不过

3.8万亿美元[①]。其间日本总投资计1486万亿日元、折旧662万亿日元、净投资总量约819万亿日元。就是说，迄今为止中国34年高速增长期间的净投资总量，是日本“战后高速增长”30年期间净投资总量的近10倍。

这就是中国GDP总量上超过了日本的奥秘所在。

值得注意的是，仅2011年至2013年的3年间，中国的净投资额就高达16.9万亿美元，又相当于4.5个日本战后经济高速增长时期规模的净投资总量。即，以上3年中国的净投资总量，几乎相当于每年投出一个日本战后高速增长。

此外，1960—1990年日本的净投资总收益率约47.1%（∑GDP增量420.9万亿日元/∑净投资增量894.0亿日元）；大大高于中国的净投资总收益率的30.4%（∑中国的收入（GDP）增量9.03万亿美元/∑净投资29.7万亿美元）。这标志着即便今后中国的总积累率不可能再提高，甚至有所下降，只要中国的投资效率还能提高到日本战后高速增长时期的水平，中国的GDP仍然有近50%的增长空间。

冷暖寒暑，尽在投资多寡之中。

中国式积累之二：国企改造“三级跳”

1979年以来中国的积累过程，同时也是在“民进国退”（非国有化）的大潮中完成的。1949年至1979年的30年中，虽然中国也保持了相当高的积累率，但计划经济和非私有经济的低效率，很大程度上淹没了高积累应收获的收入增长，国民经济反而走到了崩溃的边缘。

---

① 数据来源：世界银行统计数据；日本总务省统计局：《日本长期统计系列》。

1959 年，中国各种经济成分所占的比重中，个体经济占 71.8%，全民所有制经济为 19.1%，集体所有制经济为 1.5%，公私合营经济为 0.7%，私营经济仅 6.9%；

到 20 年后的 1979 年，中国公有制经济在工农业总产值中已经占 95.3%。就是说，在贫瘠的中国大地上，个体经济和私有经济已经被扫荡一空。

即便在“文革”后期，一些主要城市连“自由市场”也不允许存在，三三两两的私营小贩在城市路边摆摊会像做贼一样被暴力驱赶，小贩摊位上的商品会被没收或砸毁，这叫“铲除资本主义尾巴”。那个时代对小贩的歧视、侮辱、欺凌甚至殴打，一直延续到 2014 年的“城管”伤人事件。

转机只能从国企开刀。《乔厂长上任记》里一个叫乔光朴的虚构人物，他的生活原型，将全厂 9000 多名职工推上了大考核、大评议的比赛场，留下精兵强将，把考核不合格的，组成服务大队替代农民工搞基建和运输。后来人们就用“乔厂长”，来形容搞国企改革的人。

起步：扩大自主权

国企改革的第一步就是“扩大企业自主权”。1979 年 5 月，中国国务院宣布：“首都钢铁公司”等 8 家大型国企，率先进行扩大企业自主权的试验，以“放权”为主题的国有企业改革拉开序幕。历史把周冠五在将近 60 岁之际一下子推到了时代的镁光灯下①。他的管理办法，让当时纪律涣散的中国企业洗心革面。他提出的承包制：“包死基数，

---

① 周冠五，军人出身，是那种舞台越大越亢奋的人。成为“试点”后，他迅速地提出了一个让人耳目一新的管理法“三个百分百”：每个职工都必须百分之百地执行规章制度；出现违规，都要百分之百地登记上报；不管是否造成损失，对违规者要百分之百地扣除当月全部奖金。

确保上缴，超包全留，歉收自负。”成为日后国有企业改革的标准阐述。

首钢的生产秩序迅速恢复，工人积极性被激发出来，产能年年上涨，改革似乎一夜成功了。改革后的头3年，首钢利润净额年均增长45%，上缴国家利润年均增长34%。

加上农村改革顺利展开的自然逻辑：“包字进城，一包就灵”，到1979年底，扩大经营管理自主权的全国试点企业发展到4200家，完成工业总产值比1978年增长11.6%，实现利润增长15.9%；再到1988年底，全国预算内大中工商企业承包面达到90%，其中大中型企业达到95%。

扩权让利和承包制的“红利”没能持续多长时间，国营企业再次面临边际效益下降的严峻局面。国企资本收益率只有3.29%，不够银行利息，更无法与民营企业竞争。

1988年，马胜利因“造纸企业集团”扩张速度过快，效益出现大幅度滑坡最终被免职，标志着国企承包制走到了下一个交叉点。

突破：“利改税”

1986年，国企与国家的“家庭纠纷”终于表面化，周冠五拒不执行北京市财政局下达的要求首钢补缴1.0899亿元的利润的通知，于是财政局通过银行，强行扣掉首钢账上的2500万元资金。

国企承包制走到了尽头。

1983年由此催生的“利改税”，成为中国经济向正规市场化靠拢的新的重要里程碑。同年6月国务院批转了财政部《关于国营企业利改税试行办法》。

利改税后的效果十分显现：1983年初湖北省机械工业厅下达给武

汉锅炉厂，年度利润计划 812 万元，实行利改税后，企业为使职工奖金不低于 2.5 个月的工资水平，主动将利润提高了 862 万元。至 1983 年底，实行利改税的国营工业企业计 26500 户。

好景不长。到 1986 年底，企业缴不上税，财政收入上不来，连续 20 多个月企业上缴财政任务完不成。不解决国企风险和亏损时的责任界定等难题，短暂的热络不可能完全根除“大锅饭”的弊端。

在此后的十多年里，国企改革不得不咬牙向股份制方向腾挪。1993 年的十四届三中全会，提出对我国国有企业实行股份制改造，股份制改造成了我国国有企业改革，建立现代企业制度的主体脉络。被称为“厉股份”的厉以宁教授，再三力争的国企股份制改革，真的做到了“明修国企改革栈道，暗度私有化陈仓”。股份制改造成为国有企业改革的第三次浪潮。

“国企股份化”的不归路

国企股份制是被逼出来的。1997 年 1 月，第三次全国工业普查结果出炉，各项数据表明，局势已到了十分危险的地步，国有企业的资本收益率只有 3.29%，大大低于一年期以上的存款利率。在 39 个大行业中，有 18 个是全行业亏损，国有工业的负债总额已占到所有制权益的 1.92 倍，企业自有资产不足以抵偿其债务。换言之，整个国有企业集团已处在资不抵债的境地，国企改革除了普及股份制已经无路可走。

“万科”总经理王石，像其他国企经营者一样意识到：“万科正处在十字路口，股份制改造是一个让万科能独立自主经营的机会。”1985 年，母公司要从万科账上调走 800 万美元，王石至死不从，从此双方在万科的控制权上开始明争暗斗。对于要求股份制改造的万科，王石感慨：“万科不是孙悟空，却感到一只无形的手掌摊在下面，随时可能收拢。”

1992年邓小平南方谈话之后，国企股份制改革步伐加快。1992年颁布《股份制企业试点办法》《股份有限公司规范意见》等14个文件，新批准建立了近400家股份制试点企业。到1992年底，股份制试点企业达3700多家，其中有69只股票分别在上海和深圳证券交易所公开上市。同时允许9家国有企业改组为股份公司后在香港和境外上市。

只有将国有企业瘦身出户，把企业利益与经营者和职工命运绑在一起，才可能脱胎换骨、凤凰涅槃。

从1997年开始，国有企业股份制改革铺天盖地展开。同时，股份制后的国企一个个今非昔比、面目全非。到2006年中央企业总资产12.2万亿元，利润总额7682亿元。2007年美国《财富》杂志全球500强中有中国30家，其中16家是中央国企。2002—2007年，中国国企每年减少近1万户。

在史无前例的国企“股份制”改造中，虽然大量国有资产转到了个人或非国家名下。但常年让国务院头大的亏损国企，一个个被剥离出去，国家财政年年“女娲补天”的时代结束，从历史角度看依然意义非凡。

在整个国企改造进程中难免国有资产被变相侵吞，也有不少贪腐现象，但低价卖掉“鸡肋”，总比烂在筐里强。2005年以前，甚至连国企的“流动资金”都要国家财政拨款的扭曲现象，终于成为历史。

此情此景，不禁让人想起当年东德解体后，1美元就可以买走一个亏损的原东德国营企业；以及明治维新创建国营企业后，一旦发现经营不善、力不从心，就当机立断将这些国有企业转让给私人经营的日本政府。

中国的国企股份制，是一次所有制转换的旷世之举。其重大区别在于：不论东德还是日本，当年国企转型的规模都无法和中国同日而语。

后来，即便那些在股份制改革中存活下来的国有企业，又有不少被民营企业兼并。当金融风暴后的订单下降的最后一根稻草，压倒了苏州地区历史最悠久的，中国最具品牌价值的丝织老厂“苏州东吴丝织厂”后，该厂2008年被民营企业“鼎盛”仅以500万人民币，就在拍卖中买断了这个曾为戴安娜王妃生产过婚礼礼服面料的老国企的所有先进设备和库存。此类“蛇吞象”事件30年前绝对无法想象，而在今天却层出不穷。

1997年以来的15年，中国国企跑完了1949年以来的“过山车”——从20世纪50年代的国企比重不到10%，扩张到20世纪80年代巅峰的81.9%，再回落到2012年的25.7%。

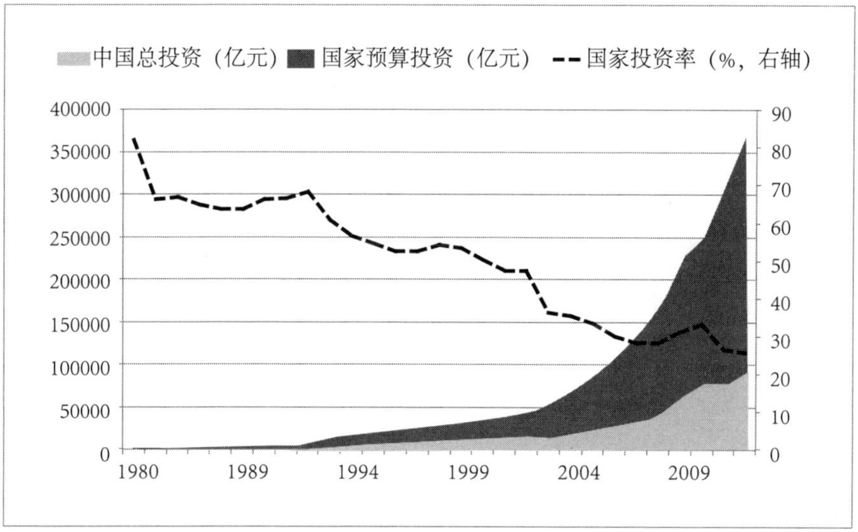

图2-7　中国投资总额 & 财政预算投资率

（2000—2012年，亿元、%）

（数据来源《中国国家统计局》，年度统计数据）

中国高速增长初期（1980年），中国固定资本投资仅911亿，其中国家预算投资746亿，占81.9%，国家预算以外的投资仅16亿人民币，年人均投资额区区18人民币（约10美元），接近于零。那时候，在中国平民百姓看来，投资本身就是国家的事，与己无关。而且“均贫富”导致“全贫困”之后的中国，也没有人可以拿出钱来投资。

星移斗转。1979年以来中国投资规模扩大最为迅猛的时期，还是进入本世纪以来的最近十几年。2000年至2012年的12年间，中国固定资本投资总额累计达到208.8万亿人民币，其中政府预算投资9.6万亿，仅占4.6%。国家投资已经在中国总投资中不再居决定地位。

于是，2000年成为中国国民经济结构转变的一个分水岭。中国国有经济在GDP中的比重从2001年的大约50%，迅速下降到2012年仅占25.7%。

但是，虽然2012年的今天，中国国家财政预算投资率下降到1980年水平的1/3，但2012年的政府预算投资总额96220亿人民币，已经是1980年全国投资总额911亿的106倍；2012年的国内固定资本投资总额374695亿，也已经是1980年的411倍！就是说，表面上的“民进国退”，但国家投资的总量（新的资产形成总量）却在大踏步地迈进。顺水行舟，有退亦进。

“肉烂在锅里”

不论国企曾经怎样的低效率，也不论国企在股份制改革中会有多少资产实际流失，国家和国企在过去数十年中的实体投资，都实实在在地留在了中国资产总量的一亩三分地上，成为中国高速增长的一大块基石。

中国的整个“国退民进”过程，成为中国的投资主体，逐渐从国家投资转向民营和私人投资的过程。那些“假眠”的国企资产被激活，股份制后完全按照市场规律运营的老资产开始盈利，又会成为下一轮积累和扩张的“压舱石”。

表面上国有资产被廉价转让，实质上却盘活了这些企业，意味着无数年“压箱底”的资产起死回生，凤凰涅槃。

中国国企改革的整个过程，就是一个“国退民进”的良性循环过程。如果股份制可以刮掉国家健康机体上的腐肉，把那些变相闲置，或变相亏损的国有资产转变为有效资产，不能不说是一大幸事。“资产守恒”决定了，国企股份化和私有化不会对中国的积累总量产生负面影响。

从“资产守恒”的角度看，虽然国有资产被大量变相转移到私人手中，一夜间吹生出无数“亿元暴发户”，但资本的非自由化却让这些资产还是留在了国内，至少那些只等自然贬值、无法创造财富的资产得到了新生，国家税收也会有所增加。

中国式积累之三：单相封闭中的“野蛮生长”

中国30年来投资和增长，是在一个“单相封闭”的大环境中浇铸的。在资本自由化之前，所谓“对外开放”不过是把中国的投资环境，变成了一个只有“单向阀”的压力容器：大量外国资本可以直接投向中国，而中国资本却不能简单投向国外。这就在客观上形成了一个资本不得不在中国国内自我循环、“野蛮生长”的大环境。

中国式“原始积累”

中国的原始积累并不比1730年的英国“血汗工厂”、美国的“黑奴制度”、1900年以后的天津三条石的“学徒工”和19世纪80年代日本的“悲惨女工”更加文明。今天中国的累累硕果，同样是无数农民工和劳动者，在极为严酷的劳动环境中，用汗水和泪水浇灌出来的。

图 2-8 日本早期煤矿的演变

在极不规范，法律缺失的整体经商环境中，中国成功的新一代商人的脚下，同样是无数竞争对手的“尸骨”；在中国成为“世界工厂”、把数以亿计的集装箱里的商品销往世界每一个角落的背后，有着无数人背井离乡、妻离子散，甚至客死他乡的“悲惨世界”。

在财富奇迹般畸形集聚的过程中，鱼龙混杂、泥沙俱下，不堪回首。1984 年 6 月起，“20 年把海南建成台湾”的梦想让人热血沸腾，海南岛突然成了一块骚动的热土。从改革开放开始，被“给政策不给钱”逼得海南书记雷宇下决心：“进口 1.3 万辆（轿车）转卖到内地，赚两个亿就行了。”仅半年时间，全岛便冒出了 872 家公司，个个直奔汽车而去。甚至海军也动用军舰，以调防名义把汽车换上军用车牌运到湛江。

汽车像潮水般涌进海南岛，海口市内外密密层层、进口车辆一望无际。工商局积极为来自全国各地的买家办理“罚款放行”手续，只需罚款四五千人民币、盖上一枚公章，这辆汽车就可以堂而皇之地装船出岛了。

此间，贪污、行贿、受贿、套汇，所有在中国国内不可能做到的，都在海南酷热难当的阳光下公然进行。在短短半年里，海南一共签了8.9万辆汽车进口的放行批文，并另对外订货7万多辆。直到12月广东省政府明令停止汽车进口，狂潮才戛然消歇。

除了大宗的汽车，那时个人从沙头角走私黄金、录像带、手表、折叠伞已经是家喻户晓。各类刚刚注册不到5分钟的公司，以“电脑监视器”的批文成百上千进口的普通电视机不计其数。

于是，在中国进出口总额从1980年的570亿人民币增加到2012年的24.4万亿，32年间增长了428倍（每年增长相当于1980年进出口总额的14倍）的背后，不乏“厦门远华集团”董事长赖昌星之流，中国1949年以来的最大走私案。仅1994—1999年5年间，走私货物530亿元，偷税300亿元。

在国内市场消费品零售总额从1980年的0.21万亿，增加到2012年的21.0万亿人民币，32年间增长了100倍。每年增长相当于1980年消费品零售总额的3.1倍，商品琳琅满目、极大丰富、应有尽有的背后，也有着两度“胡润百富榜首富”黄光裕的跌宕起伏。

1987年1月才在北京珠市口的100m^2左右的小门店开张的“国美电器”，靠着《北京晚报》中缝报价广告迅速成名，通过发展连锁店一直冲到拥有了200多家门店的大型连锁企业。它的成功有点像日本服装连锁店的“优尼克罗”。“国美”迅速膨胀的背后，自然少不了特殊的融资渠道。2008年11月23日，被北京警方拘查，黄名下秘密往来的可疑资金约有700亿元，涉嫌股价操纵、洗钱、行贿、空壳上市、偷税、漏税等七种犯罪。

于是，冯伦（万通集团董事局主席）在他的畅销书中把那个时代描述为“野蛮生长”。理由是早期中国创业的一个“悖论”：中国是没有钱（没有资本）才投资，这在西方是完全不可能的。中国第一批创业者的“起点要惨得多，两手空空”。

那时，谁能借到钱就成功了一半。后来冯伦自己也曾差一点背年息20%高利贷压垮。1996年时欠债六七个亿，光利息每年就要1.2亿～1.4亿人民币。是他忍痛割爱、毅然决然卖掉大量资产，才摆脱了“短债长投”，万幸地渡过了难关。

而几乎在同一时期，资产规模曾达600亿的“德龙”就没有那么幸运。最后在走投无路、拆东墙补西墙时违规操作、非法吸收公共存款150亿后彻底崩塌。究其原因，莫过于“在恶赌的路上越走越远”（冯仑语）。

今天，几乎所有还留在这个市场上的中国创业者们，都曾经历过只有自己才知道的，充满苦涩的风风雨雨。中国这一代企业家的难能可贵之处，就在于他们不仅要像西方企业家那样创立企业、获取利润，而且还要培育市场、周旋政府、教育农民。

中国改革开放这场波涛汹涌的洪流，就像黄河日泻千里，难免泥沙俱下、良莠交错。正义与邪恶、诚信与欺诈、聪明才智与愚昧无知、含辛茹苦与奢靡浮华、兢兢业业与贪污腐化，都藤蔓般无情地交织在一起。

在刚刚建成就成了比萨斜塔的“楼歪歪”的旁边，有当初宁愿多亏损5万人民币，也要保证高速公路建筑质量的“太平洋建设”公司；在中国成为世界工厂的背后，有着数千万农民工像卓别林电影《摩登时代》讽刺的那样，每天用超强的单一重复劳动换取微薄薪水，以赡养故乡的妻儿和家乡那些在“大跃进”和“人民公社”运动中精疲力竭的父母；在中国的牛奶产量每人每年仅0.5磅，除了孕妇没有奶票就喝不到牛奶的1980年（=114.1万吨），到2012年人每年62磅（总计3743.6万吨，其中国有农场产奶=435万吨=11.6%）的背后，有2008年导致39965名婴幼儿受害的“三聚氰胺毒奶粉”事件。中国最大的12万吨三聚氰胺生产工厂是2004年中国与荷兰在海南合资兴建的。

中国制造业产值好不容易成为世界第一之后，“雾霾”又成了百姓最关注的关键词，让那些已经被人们遗忘的记忆，如20世纪50年代的“雾都”伦敦、1943年洛杉矶被误认为日本“毒气攻击”的空气污染事件等，一个个又回到人们的眼前。1952年，加州理工化学教授哈根斯密特（Haagen-Smit）和退休化学家布伦内尔（Brunelle）首次发现，烟雾是在大气中经光化学作用形成的，并非直接来自工业排放。

中国“野蛮积累”的另外一个制度环境，就是许多行业的封闭状态，这背后是国家为种种目的明里暗里设置的各种“门槛”，它就使得竞争发生扭曲，最终走向变相垄断，像“淘宝”这样利润率44%的企业暴利（日本规定高利贷公司的年息超过29%违法），如果国际资本可以进入并公平竞争，可能会很快降低。

从1979年的4063亿到2012年到51.9万亿人民币，为了GDP总量30年间增长127倍，中国人付出的代价和成本远远超出一般人的想象和估算。除了不可逆的环境污染，传统历史文化的破坏，还有人们基本文明素质的低下和道德底线的缺失。

在“王岐山旋风”中落马的赃款逾千亿的贪官，到偷税漏税的大腕明星；苏丹红、地沟油、造假药、毒牛奶，以及山寨电器、偷猎盗採、偷梁换柱、假冒伪劣和粗制滥造等等。中国人经历了“文革”的社会动荡一贫如洗之后，在为了摆脱贫困的挣扎中，社会财富不断积累的文明溃损的代价，也许需要几代人才能够拾回补完。

100年后，回眸这段中国现代史时，也许人们会不愿再提起这些让人沮丧和羞愧的往事，但中国的今天和明天就是在这样的土地上构建的。也许，这就是中国30年来原始积累高昂代价的一部分，这就是中国作为后进的人口超级大国百年崛起的宿命。

忘却曾经的苦痛，也许本身就是在酝酿新的悲哀。

手机、网络、电单车

在中国决定开设经济特区（深圳、珠海、汕头、厦门）、赵紫阳出任国务院总理的1980年，托夫勒（Alvin Toffler）的一部预言信息时代即将到来的《第三次浪潮》（*The Third Wave*）轰然问世，这部被翻译成三十余种语言、持续热销20年、全球发行上千万册的巨著，冥冥中给了中国人莫大的希望：“我还有机会”、“中国还有机会”。

中国人刚刚上路不久，就万幸地碰到了手机。在上世纪80年代，不要说北京、上海、广州，就是天津这样的大城市，家里有一部固定电话是一种身份和地位的象征。申请安装一部固话机，至少要等上一年半载，要想提前安装还得走后门、批条子。

在商业大潮铺天盖地涌来的90年代初，从零开始普及固定电话，对中国来说绝无可能。手机和BP机的从天而降，在冥冥中救了中国，把中国拉近了与发达国家的同一起跑线。

从山羊都不愿攀援的偏远的山村，到繁华的沿海都市；从冰天雪地的哈尔滨，到终年酷热的海南三亚，全世界的商业信息、订单报价、质量纠纷、库存调整、运输仓储，手机的信息传递速度提高之快，是固定电话已经相当普及的发达国家所无法想象的。

2003年著名导演冯小刚的一部《手机》，淋漓尽致地把这一幕搬上了银幕。手机不仅加速了中国婚外情的泛滥，更具意义的是它通过无线电波，把960万平方公里的中国空间距离极大地浓缩，把中国与世界的距离迅速拉近。

2001年中国手机拥有量达到1.2亿户，超过美国位居世界第一；2013年4月中国手机拥有量更爆炸到11.5亿部。

图2-9　大哥大手机变迁①

1996年虽然也出现过windows95开始销售时的狂热，但在网络技术问世之前，计算机不过是一部电子计算器和打字机。网络技术在将无数台计算机捆绑在一起的同时，让国土异常庞大、人口超级众多、技术相对落后的中国，可以与发达国家几乎同时受益。

2000年，一位中国超市行业的大老板对他的儿子说：“你记住，不要说我们，就是你们这一辈人，也看不到网上购物的时代。”然而时过境迁，2013年中国电子商务市场交易达到10.2万亿（同比2012年的8.5万亿增长29.9%），已经接近2012年中国社会消费品零售总额21万亿人民币的一半，其中2013年中国网络零售市场交易规模达1.8万

① 内文图片来源：CFP /Getty Images。

亿元，较2012年1.3万亿元同比增长42.8%，占到社会消费品零售额的8.04%。

马云敏感地预见到电子商务对物流的庞大需求，2013年毅然投资3000亿元组建“菜鸟”公司，计划在5~8年内建立一张能支撑日均300亿（年度约10万亿）网络零售额的智能骨干网络，做到让全中国任何一个地区24小时内送货必达。

网络之上，人人平等。虽然诚信与欺诈、吐槽与赞美、热销与冷漠同时存在，但包括人种、国界、规则、技能等所有差别都在无限缩小，而市场却在不断扩大。

不论你手里有一部手机还是电脑，你就与这个世界连成了一体，你会同时成为网络的主人和奴仆。这对于现代基础设施相对落后、急需提高速度的中国而言，无异于一个极大的补贴，中国距离和发达国家的同一起跑线又近了一些。

当年，中国在大城市限制摩托车的政策，有效地保障了中国汽车工业的起步，20世纪80年代中国才开始出现私人汽车，到2003年汽车保有量1219万台，2013年中国汽车保有量比2003年增加了10倍，达到1.37亿辆，没有像东南亚的越南、泰国等发展中国家那样，蝗虫般的摩托车铺天盖地，挤没了汽车工业的发展空间。但是，中国也还需要物流的毛细血管——短途运输，没有了摩托车就像少了一条腿。

随着锂电池技术的突破，电动自行车在中国的悄然问世，并由于它便利、节能（夜间充电可避开用电高峰）、环保、不需考执照也能驾驶等优点，电动自行车迅速在中国普及。在中国，电动自行车不仅是骑行工具，更重要的是他成为了重要的短途运输工具。

在高速增长时代，遇到了手机、网络和电单车，这是后发中国的侥

图 2-10　中国的“运输”情节

（图为中国最早开发和生产民用摩托车的企业重庆嘉陵生产的摩托车①）

幸。如果中国提早 30 年和日本同时进入高速增长期，就可能因为没有这些奇迹般的现代工业产品的助力，而步伐大受拖累。

挡不住的外资潮

1979 年中国的国门一旦开启，外国资本接踵而至，唯恐赶不上这最后一班车，其中也不乏日本资本。外资的蜂拥而入，成为中国经济崛起不可或缺的助力火箭的一节。

1979 年至 2012 年的 33 年中，流向中国的外国资本总计约 1.48 万亿美元，是同期中国国内净投资 21.9 万亿美元（平均按 7.5 人民币/美元计）的 6.8%。这组数字证明，中国 30 年来的经济高速增长，主要

① 内文图片来源：CFP /Getty Images。

还是靠中国人自己勒紧腰带的忍耐和坚韧，国际资本意义重大，但还并非主流。

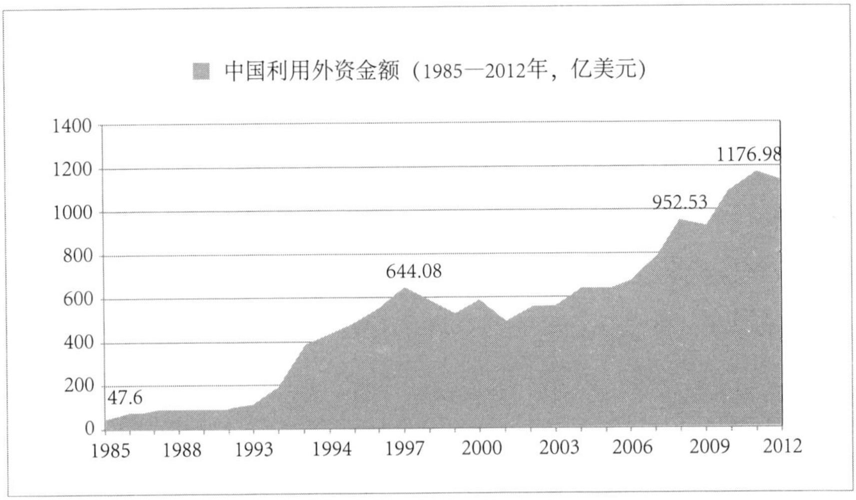

图 2-11 流向中国的外国资本

（1979—2012 年，亿美元）

（数据来源：中国商务部相关统计数据）

“重投资主义”本身就包括扶植和鼓励国内投资、引进外国资本，甚至限制外汇、资本外流的经济政策。

早在工业革命之前的 16 世纪，欧洲各国曾流行过“重商主义”①。虽然重商主义视贵金属（货币）为财富唯一标准，认为国际贸易是“零和博弈”等观点在理论上存在致命错觉，但在资本主义发展早期，它对摒弃西欧传统封建经院哲学的教义和伦理规范，扭转“重农抑商”传统，推动整个社会转向尊重财富、尊重商业、尊重市场等方向的转向

① 重商主义，mercantilism（商业本位，16 至 18 世纪）：重视商业利益，以获取更多以贵金属代表的贸易顺差增加本国财富，通过高关税等措施鼓励出口，并限制贵金属和重要原材料的外流。

具决定性意义，是一次伟大的思想解放和社会变革。没有重商主义，就没有今天资本主义和市场经济的繁荣和成就①。

1492年至1600年，西班牙从新大陆将89.95万千克白银大量运回欧洲，虽然短期给自己带来了财富，但最终不过造成了欧洲物价上涨4倍（白银贬值4倍），而日后的西班牙却并没有成为欧洲永远的财富“不倒翁”。

重商主义也没有护佑荷兰永远凌驾于英国之上，最后让英国取代葡萄牙、西班牙和荷兰成为“日不落帝国”，靠的不是重商主义，而是工业革命迸发的、前所未有的自动化机器生产力所带来的生产力。

同样，中国高速增长的30年，靠的是“重投资主义”，靠的是实体经济的投资和积累，以及每一个工厂的加班加点，每一个职工的拼命工作，不是仅仅靠扩大出口，换取外汇购买不断贬值的美国国债。

2008年全球金融风暴后，中国几乎没有像发达国家那样受到猛烈的冲击，其背后与中国经济的“单向自由化”（非资本自由化）密不可分。外汇管制在很大程度上成为有效阻碍了“国际热钱”和金融风暴海啸的“防波堤”；同时，也限制了国内实体资本的外流，保驾了中国30年来高积累、高增长率进程没有被金融风暴中断。中国的金融投资交易市场，早在全球金融风暴爆发前的2007年就已经有过大跌，也让中国金融投机市场失去了再行下跌的空间和能量，也是一个重要因素。

也有一种观点认为，2007年中国的股市崩盘，是2008年全球金融风暴的导火索。这类说法只在一个方向上有意义，即，2007年中国股市大跌后，全球更多的热钱涌回北美市场，进一步推高了北美金融投机

---

① 重商主义流行200年后，当亚当·斯密（1776年3月出版《国富论》）等著名经济学家对重商主义的进行精彩批判以后，重商主义逐渐被资本主义取代。然而，重商主义并不是被亚当·斯密的《国富论》批倒的，而是时间证明：重商主义并没有保障自己财富的持续增长和长治久安。

市场的泡沫度，为全球金融风暴的爆发多加了一根稻草。

日本对华直接投资的角色

日本企业对中国的第一个投资项目，是日本欧力士株式会社与中国国际信托投资公司、北京市机械电器设备公司设立的合资企业——中国东方租赁有限公司（1981 年 2 月批准设立，投资总额为 300 万美元，合同期限为 20 年）。

从 1979 年到 1983 年日本对华投资仅 25 件，累计金额 6900 万美元。1984 年，日本对华直接投资一下子增加到 66 件、1.14 亿美元（日本对华实际投入外资金额）。1983 年中国颁布《中华人民共和国中外合资经营企业法实施案例》后，日本对华实际投入外资金额占中国全年实际使用外资金额的比重从 1986 年的 11.74% 上涨到 1991 年的 12.20%。其中，1987 年这一比例出现了下降，为 9.5%；1988 年这一比例达到自近 20 年来的最高点，为 16.11%。1992 年日本对华投资项目数为 1805 件，是 1991 年（599 件）的 3 倍多，日本对华实际投入外资金额为 7.10 亿美元，是 1991 年（5.33 亿美元）的 1.33 倍。之后的 3 年，日本对华投资继续保持这种高速增长的态势，1995 年日本对华投资项目数为 2946 件，日本对华实际投入外资金额为 31.08 亿美元。2000—2006 年，日本对华直接投资继续保持快速增长的态势，进入第三次高潮阶段。

截至 2006 年年底，日本对华投资项目 2590 件，对华实际投资金额 47.59 亿美元。在这一阶段，从日本对华投资项目件数来看，2004 年达到最高的 3454 件；从实际投入金额看，2005 年最高约 65.30 亿美元，比 2004 年增长 20%。

日本对华投资的三次高潮，分别是 1990 年泡沫经济崩溃后，2000

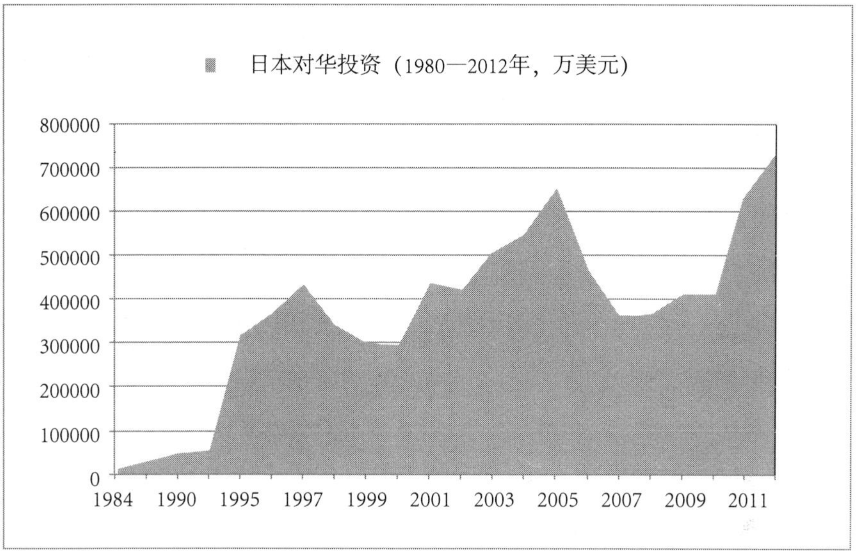

图 2-12　日本对华直接投资

（1980—2012 年，万美元）

（数据来源：中国国家统计局《中国统计年鉴》历年）

年美国纳斯达克股票崩盘后以及 2008 年全球金融风暴后。总之，国际金融市场一有风险和大波动，日本向中国的投资就会有所增加。

日本对华投资的三大动机莫过于：（1）降低生产成本；（2）确保未来市场；（3）规避投机风险（追求更高利润率）。因此，日本的对华投资是利润趋导，基本与政府倾向和政治因素无关。

从总体上看，日本对华投资约占日本对亚洲投资的 30%，2005 年以前一直不足日本对美投资的 50%。2010 年以后的几年，已经明显接近了对美投资的规模。2011 年达到对美投资的 85.9%，达到 126 亿美元，但受中日关系紧张的影响，2013 年日本的对华投资比 2012 年下降了约 1/3，降到 91 亿美元。1980 年至 2012 年日本的直接对华投资不少于 843.8 亿美元，约占此间全球对华投资 11892.6 亿的 7%，同时占日本整体对海外直接投资的8%[①]。

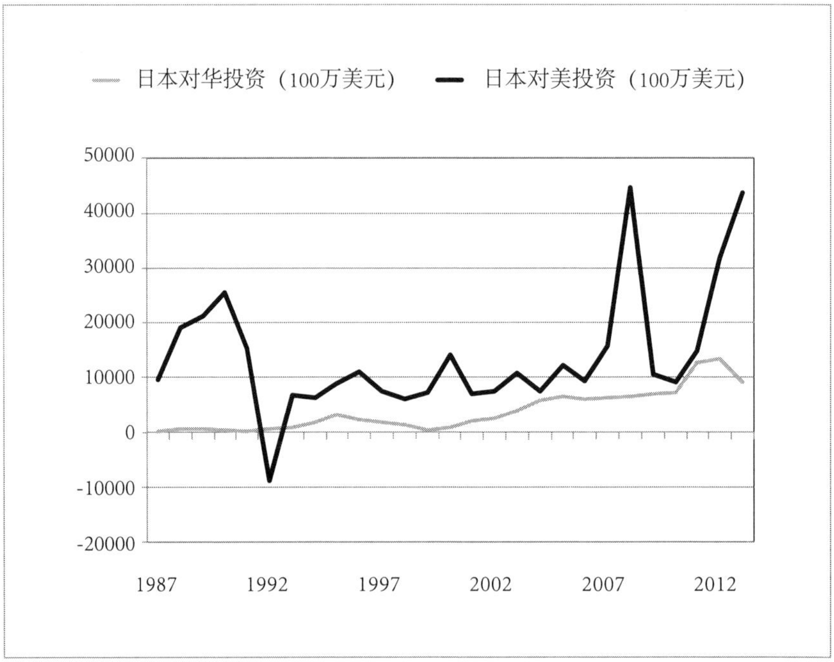

图2-13 日本对华、对美直接投资比较

（1987—2013年，100万美元）

（数据来源：JETRO 日本贸易振兴机构）

就日本自身而言，上世纪80年代后日本国内“过剩资本”不断庞大的原因莫过于：1973年日元兑美元汇率的迅速升值使日本工资和其他成本的迅速攀升，出口竞争力的骤降以及日本国内投资利润率的不断下滑。

在全球对华直接投资的热潮中，随着日本对华投资资本的进入，日本各种先进的生产技术、加工诀窍、管理方式、公司理念等，带给贫乏

① 刘昌黎：《日本对华直接投资的回顾、展望与对策》，载《外国问题研究》2011年第3期。

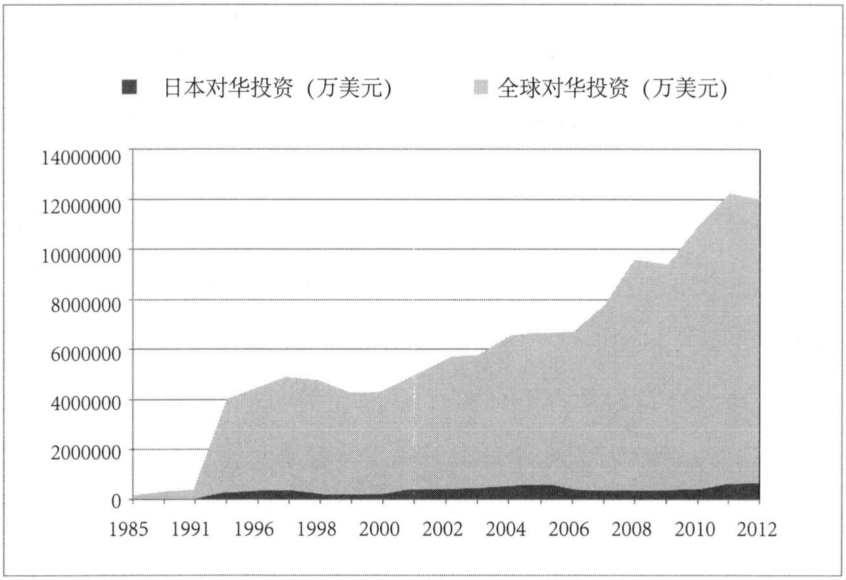

图 2-14 对华投资：全球 & 日本

（1980—2012 年，万美元）

（数据来源：国家统计局《中国统计年鉴》）

的中国企业界以极大的刺激和经验，这些都是从投资总额的统计数据中无法衡量的。

1000 年前，汉字和汉语传入日本，日本如饥似渴地学习，几乎全盘“中文”化了；150 年前随着日本工业化带来物质文明，日本的许多双字词，如：政治、感情、民主、宪法、电话、电流、军队、独裁、宗教、人民、结婚、接吻、经理、会计、神经、身份、特权、性欲、注射等等，反过来传入中国；今天，中国的一些日常用语和外来语单词中，又开始出现大量的日语单词：“职场”、“量贩”、“人气”、“品质管理”、“过劳死”、“达人”、“××控”等等。

问题是，日本对中国的直接投资，大约仅占日本对海外直接投资的 6% ~10% 。就是说，资本投往中国并非日本经济泡沫崩溃后失去的 20

多年，日本经济萎靡不振的主要症结。与港澳台和欧美相比，在中国资本投资的大盘上，日本对华投资的砝码并没有那么重。1992 年以后，日本对华的投资项目数量处于世界第二位，投资金额处于第五位；此后的 1994、1995 年中，日本投资数量超过美国成为第一位，投资金额仅次于美国处于第二位，超过了英国。到了 1996 年以后，日本对华投资的数量和金额上都有所减弱，排名也随之下降，这主要是受日本国内经济及亚洲金融危机的影响所致。但是，从日本企业对亚洲整体投资的角度来看，1999 年度对华投资金额有所下降，而投资数量仍保持在第一位。到了 1997 年 3 月末，在日本对华直接投资总额中，对制造业投资约为 61.0%，远远超过了非制造业投资的 35.9%。1990 年，日本对华直接投资有 46% 投向制造业，1991 年以后对制造业的投资高速增长，到 1993 年猛增到了空前绝后的 81%。此后一直到 2008 年，对华制造业投资平均在 70% 以上。

相比对华投资，中日经济关系中更为紧密的是贸易往来。日中贸易额从 1979 年的 67.1 亿美元上涨到 2010 年的 2978 亿美元，31 年增加了近 45 倍，其中，2010 年，中国向日本出口 1211 亿美元，增长 23.7%；中国自日本进口 1767 亿美元，增长 35%。从两国的贸易格局来看，中日两国的贸易关系存在顺差、逆差交替出现的情况，特别是自 2002 年起，中国对日本已连续 9 年存在贸易逆差，2010 年贸易逆差为 556 亿美元，上涨 68.48% 达到历史新高。日本是中国第三大贸易伙伴、第一大进口来源地、第五大出口目的地。据日本海关统计，中国为日本第一大贸易伙伴、第一大出口目的地和最大的进口来源地。作为中国第三大贸易伙伴，第一大进口来源地、第五大出口目的地，中日双边贸易对两国对外贸易至关重要。2004 年日本对华贸易总额达到 2132.8 亿美元，占日本外贸总额的 20.1%，2005 年上升到 1844.5 亿美元。中日贸易直接推动日本经济大约增长 0.5 个百分点。从 2006 年起，日中贸易额 25.43 万亿日元（约1.66 万亿人民币），已经超过日美贸易 25.16 万亿日元的水平，中国已取代美国成为日本的第一大贸易伙伴国。

1995 年全年，日本对华投资数量 770 件，投资金额达到了历史新高的 45.9 亿人民币，形成了对华投资的有一次最高峰。这一时期，日本对华投资的主要地点除了大连以外，还聚集于珠江三角洲。投资的行业除原有的食品、杂货、纺织等行业外，还有机械、电子、电器、交通工具（如摩托车、汽车等）。

今后，不论是相互投资还是贸易往来，中日之间的经济合作和交往会越来越深、越来越多、越来越强。

“资本自由化”&“投资保护主义”

跨国公司、电子商务、资本自由化、国际热钱、网络金融、信息爆炸，所有这一切都预示着一个新时代的到来。仅就经济范畴而言，全球化可以降低成本、拉近经济差距、实现资源的最优化组合、国际经济交易和贸易增大（1980—2005 年的 25 年间，全球 GDP 增长 2.6%，同期全球贸易额增长 6.9%）等好处。于是，“全球化”几乎成了今天最时髦的概念之一，它象征着在全球信息化一体化时代让世界迅速变小的过程中，人类的一种极富理想主义色彩的向往和憧憬。

但事情的进展往往没有“预言家”想象的那么瑰丽。全球化本身是一柄双刃剑，用得好防身健体，用得不好作茧伤身。

只要国家和国界存在，所谓的“全球化”就永远是一个相对的、灿烂而梦幻的终极理想。在今天的资本主义的世界里，资本的去留最终决定着一个国家的命运：资本留在哪里，那里就繁荣昌盛、蒸蒸日上；资本离开哪里，哪里就会日薄西山、朝不如夕。因此，只要你不是情愿做全球化的牺牲品，就不可轻易放弃“投资保护主义”。

17 世纪威尼斯严厉的保护主义措施，没能阻止玻璃制造工艺、技术流往欧洲；18 世纪英国的《禁止印花布法》，也没能挡住棉纺织工业的决定性革命。人类近代史上，没有哪一个国家的政府，可以通过立法和保护主义政策挡住时代变化的潮流。但一定的投资保护主义，至少可以给本国实体经济的调整，留出更多的调整时间，因为外来冲击过强过快，很有可能在羽翼丰满之前葬送脆弱的本国经济。就是说，如果没有 1700 年和 1720 年的两次《印花布禁止法》，英国的毛纺织业早就像印度棉纺织业那样土崩瓦解了，也就没有了 33 年后的“工业革命”。

任何“自由化”的政策——不论“贸易自由化”还是“资本自由化”，最终都会成为竞争中强者手中的旗帜或招牌，对于发展中国家和后进国家而言，自由化本身就孕育着不可预见的灾难。

“资本自由化”会成为后进国家的陷阱？1949 年至 1979 年的 30 年中，中国在国际社会中处于“被封闭”状态；1979 年至 1989 年改革开放的最初 10 年，中国百业待兴、产业结构错位、外汇储备极度匮乏，实行外汇管制在所难免；1989 年以来的 20 多年，经济迈入高速增长，既离不开中国国内的高积累，也离不开国际直接投资资本的大量涌入。故，迄今为止中国的“资本非自由化”是被逼出来的。

“资本自由化”总的说是发达国家“有钱人”的诉求，对发展中国家和经济发展水平处于相对落后地位的国家而言，过快的“自由化”是一种奢求，甚至会是一个“陷阱”。关键不是要不要资本自由化，而是如何自由化，以什么速度实施资本自由化。

资本自由化的进程需要与本国经济实力和对国际资本的承受力相匹配：充足的外汇储备，强大且健全的金融体系，一定的“相当过剩资本”，国民经济对本国货币升值或波动足够的抗震能力等。从发展中国家资本自由化的过程和结果看，凡是对资本自由化的过程和步骤比较谨慎的国家，结果都相对较幸运；反之几乎都遇到了麻烦。

日本在1968年以前，基本上是一个“非资本自由化”的国家。早在对中国东北侵略扩张后的1932年，日本就颁布了《资本逃避防止法》；1933年颁布《外汇管理法》开始实行外汇管制；战后1949年设立“外汇管理委员会”（规定只准与美元和英镑交换并限定汇率）；1950年颁布《出口信用保险法》《外资法》和《出口银行法》，推行促进出口和鼓励外资投资政策，建立促进出口的长期资本融资制度；战后，日本国内曾对如何面对外国投资发生争论，大多数经济学家包括吉田茂首相的顾问，被称为“御三家”之一的马克思主义经济学家有则广巳，就力主大量外资进入会导致本国丧失独立自主经济地位：“没有经济独立，日本就不会有政治和外交独立。在我们考虑日本人民的幸福与和平时，我们必须有一个可以作出独立判断的基础。”他主张日本最好靠自己的努力实现经济复苏。1959年开始对美元汇率自由化；1960年大藏省公布贸易自由化措施。直到1963年3月颁布对外贸易与国际资本流动自由化措施，日本才真正完成资本自由化工程。

从1952年加入IMF和世界银行，到1963年实行资本自由化政策，日本经历了11年时间；从1960年贸易自由化到1963年资本交易自由化，也预备了至少3年的时间。即便如此，从日本资本自由化两年后的1965年开始，日本还是出现大量的资本外流。在1980年至1990年的10年间，日本长期投资收支-890.2万亿日元，相当于1989年日本GDP 40.3万亿日元的22倍。

资本大量外流直接导致日本国内产业空洞化，这成为日本1990年泡沫崩溃后持续20多年经济萎靡不振的直接原因之一。同时，1981年至1986年日本出现突然的短期资本流入，也与国际“热钱”向日本股市等金融投资领域的流入，以及经济泡沫的崩盘密切相关。

今天，当中国加入WTO后不得不面临资本自由化的挑战时，实体经济投资的大量外流和国际金融投资热钱大进大出的两大弊端，资本自由化成败与否均系于此。

印尼、韩国、泰国是亚洲金融危机最受冲击的三个国家，资本自由化后短期国际资本的大进大出，曾被视为当时金融动荡的深层根源。日本大藏省1998年5月发表了题为《从亚洲通货危机中学习经验》的专题报告，详细阐述了必须从亚洲各国资本自由化及亚洲金融风暴中吸取教训。

印度是长期对资本自由化实行限制的发展中国家，从1994年8月开始履行IMF第十一条的义务，经过周密研究后设定了三年自由化方案，同时附加了三个条件：（1）将中央政府的财政赤字从5%削减到3.5%；（2）通胀率三年平均值不超过3%~5%；（3）中央银行的实际准备金率从超过9%下调3%，同时银行系统的不良债券率从17%削减到5%，并将汇率监控的附带指标规定为波动±5%。当时，有专家批判这些条件是变相不履行资本自由化。但从后来亚洲金融危机的结果看，印度从这些措施中受益匪浅。最近（2013年8月），印度为了防止资金外逃，再次采取了严格限制黄金出口的措施。

同样，20世纪70年代后半期以后，部分拉美国家迅速走向资本自由化。1977年至1982年流入拉丁美洲的国际资本约1578亿美元，虽然随着这些国外资本的流入，经济增长率有了一定程度的提高，但随着后来阿根廷、智利、墨西哥等国“债务危机”、“货币危机”的发生，使1983年至1989年那些随波逐流的国际资本又流出1162亿美元，此后1990—1994年再流入2005亿美元。国际资本一抽风，拉美国家的经济也随之打摆子。

面对智利20世纪70年代的经济和资本自由化政策，1981年流入智利的国际资本47.7亿美元达到高峰后，1982年猛降到8.3亿美元，1983年更转为-32.2亿美元，导致1982年智利经济增长率-14%，失业率高达22%，“智利奇迹”演变成“智利悲剧”。究其原因，就是这些没有经验的拉丁美洲国家资本自由化的速度过快，且对自由化的过程缺乏必要的监控。以此为鉴，许多发展中国家如智利（1991年6月）、哥伦比亚（1993年9月）、马来西亚（1994年1月），都先后开始对国际资本流入实行了一定程度的限制。智利等国当年经济大起大落的现实足以证明，有效管制短期国际资本的流动规模，对于刚刚实施资本自由化的发展中国家而言，怎么评价都不过分。

另外一个耐人寻味的现象是，在以上3个时期流入拉丁美洲国家的外国资本中，向实体经济直接投资的比例仅占20%～29%。就是说，70%以上的热钱并不是真想到拉美国家实体经济投资，于是此后10年这些国家的经济纷纷落入了零增长。

亚洲金融危机几乎成了一连串金融震荡的多米诺，1997年始于泰国的浮动汇率引起的汇率动荡成为导火索，金融震荡迅速波及印尼和马来西亚，5个月后香港股市和韩国汇率暴跌；1998年金融风暴迅速向印尼、俄罗斯蔓延，就连原本金融体系本身比较健全的香港和新加坡也受到了冲击。亚洲金融危机爆发后，IMF和美国的许多专家学者，都在强调资本自由化后短期金融投机资本大进大出的危害，但苍蝇不叮无缝的蛋，所有在亚洲金融风暴中受到冲击的国家的经济体制本身，都存在这样那样的问题才是事情的本质。

金融体系尚较脆弱的发展中国家，就像一个刚刚下海游泳的孩子，

图 2-15 金融风暴下的货币

（图为印尼首都雅加达市面上流通的印尼盾。1998 年初，印尼盾同美元比价跌破 10 000∶1。受其影响，东南亚汇市再起波澜，新元、马币、泰铢、菲律宾比索等纷纷下跌。①）

完全地放任就有被国际热钱（投机资本）淹死的可能。国际投机资本，从本性上说与一个国家的金融稳定的诉求方向正相反，在金融的非稳定状态下“热钱”才有利可图，甚至金融投机的利润率与金融稳定成反比，金融越动荡金融投机博弈的利润越高，虽然风险也越大。

在短期国际收支债务迅速增加的背后，往往与金融投机市场波动有着不可分割的联系。特别在经常收支恶化后，账面上不得不靠短期资本流入作为补填时，大多意味着伴随实际汇率的上升流动性出现过剩，并可能因此最终招致经济增长受挫。

资本自由化所带来的挫折，不是“市场失效”的证明。因为，正

---

① 内文图片来源：CFP /Getty Images。

常且健全的市场体系，并非为投机资本动荡的极端状态所设计。如果以金融危机后的“恐慌状态”为基准，市场本身将因成本过高（如银行准备金率过高等）而无法正常运转。上帝也不会只让发达国家在资本自由化中安然无恙，却让后进的发展中国家为此饱受沧桑。

对于今天的中国而言，其他发展中国家在自由化的过程中所遇到的波折，中国都同样可能遇到：（1）人民币汇率暴涨后，可能会给出口和国内实体经济带来毁灭性的冲击，失业可能会在此后大量增加；后期，外汇储备的骤降和汇率暴涨后的反弹，又有可能造成人民币汇率的大跌，导致经济增长严重受挫；（2）庞大的国际热钱涌入中国金融市场后造成的剧烈震荡，可能引爆金融危机；（3）中国国内资本迅速外流，会造成国内实体经济投资的大量失血等。

二十年来日本的经验证明，如果自由化和企业家投资信心丧失同时存在，资本的大量外流不可避免。中国发行量最大的财经类杂志《财经》，封面的“重塑企业家信心”异常醒目，私人企业老板将财产汇往国外的信息也不绝于耳，即将开启的资本自由化大门，将会给中国带来什么，不可掉以轻心。

直面“自由化”的发展中国家，必要的保护措施不可或缺。例如：（1）资本自由化至少要有3~5年的准备期，且整个自由化过程需要分为几个阶段；（2）在资本自由化的初期，依然要对汇率的波动幅度有一个限制；（3）对资本外流的方向加以引导，如鼓励资源保障性海外投资，限制实体经济投资外流规模，鼓励技术和技术人才的引进等；（4）对投机性金融国际资本，无论对金融商品还是不动产均加以限制，如尝试开征“投机交易差额税”（不论房地产还是金融产品）；（5）将“投机交易差额税”收入，专款专用于对国内实体经济投资的褒奖；（6）立法杜绝政府财政赤字消费。对国内实体经济的影响如何，是衡量资本自由化成功与否最重要的标准。凡是有利于国内实体经济发展的应予以鼓励，反之则应规制。

绝不能对“资本自由化”只是抱有玫瑰色的幻想。完全放任自流与完全监控管制，都可能成为经济发展的桎梏。资本的全部历史，就是社会通过法律对资本的弊端实现限制的历史，资本从它降生的那一天开始，本质上就像天性骚动的“孙悟空”，没有了“紧箍咒”谁敢说孙悟空一定会安于护驾取经，而不是大闹天宫？

“投资保护主义”有可能成为后进国家的护身符或保护伞。适当的保护措施，如：（1）对海外对本国的投资减免税收，提供金融优惠；（2）对本国资本向海外的投资，征收有鉴别的“海外投资税”；（3）将“海外投资税”的收入，专款专用于对国内投资的奖励基金；（4）实行“投资互惠”政策，即对较多投资于本国的那些国家实行投资双边互惠等等。

虽然“投资保护主义”的功效，可能只像一副感冒剂，它也许不能消除病毒，但却可以缓解感冒的症状、减轻痛苦。当越来越多的国家理解这个道理时，世界可能会进入一个“投资保护主义”时代。哪个国家在投资保护主义的方向上做得越早、走得越快，就有可能收益更多。

第三章　中国的经济泡沫

在中国的投资大潮中，投机和泡沫的增长同样在所难免，问题是泡沫的规模决定着它对国民经济是否构成威胁。

几乎所有的人都在谈论经济泡沫，但是包括前美联储主席格林斯潘在内，真正懂得经济泡沫的人很少。因为，几乎所有人都不知道泡沫到底有多大?

其实经济泡沫计算非常简单：经济泡沫=资产增量-净投资。就是说，社会所有的财富（资产）都来自投资，当净投资所创造的财富在投机交易的炒作中升值后，这部分被升值的价值就是泡沫。比如，买到一栋100万的住宅，3个月后由于投机造成的房价上涨使它的价格上升到120万时，这多出的20万就是泡沫。

钱往高处走，水往低处流。追求更高利润的本性，催促着资本不断向利润率更高的领域腾挪。当实体经济投资已经不能满足资本增值欲望的时候，各种投机就会从阴沟里冒出来。

于是，温州制衣厂老板成了“炒房团”团长；只要有投机的可能不论是古董字画，还是文玩珠宝，甚至一个小葫芦的价格也会从几十元，涨到10000多元；2013年6月缅甸内比都的翡翠公盘会场的成交价，比起拍底价暴涨187倍。

投机资本积累起来的是“经济泡沫”，但经济泡沫的每一分钱都是真金白银的个人资产堆砌的，没有任何“虚拟”。不是实体经济无利可图，而是虚拟经济有更大的暴利可图。当一种投机商品（如股票）被“涨停板”、“跌停板”束缚之后，金融市场会设计出更能大赔大赚的金融工具——“衍生品”，通过各种名目的“杠杆”来让它赚钱和赔钱的速度加快。这样的“杠杆”也就会将美国“两房”债务的3000亿美元，放大到6万亿美元，并让“雷曼兄弟”、“AIG”这样的巨型金融机构瞬间破产。

目前，中国的资产泡沫主要是不动产泡沫。中国的股市泡沫，万幸地在全球金融风暴前的2007年就已经破裂过了。当时中国股市的暴跌，没有对中国经济造成破坏性影响的一个要因，是同期中国的消费和投资不仅没有因此受到拖累，反而直线上升，因此没有出现恐慌性需求萎缩，也就没有爆发经济危机。

目前，中国经济泡沫的存量（1990至2011年间）约145.6万亿人民币，大约是2012年中国GDP的三倍。而日本1990年经济泡沫崩溃时的资产泡沫存量约2083万亿日元，为当时日本经济泡沫崩溃前1989年GDP 402万亿日元的5倍。

中国在1992—1993年、2004年、2006—2008年和2010年前后，共出现过四次资产泡沫的高潮。当时资产泡沫的增量分别为：303.7亿、2.1万亿、6.2万亿和4.4万亿人民币。

目前，中国的资产泡沫率（资产泡沫存量/资产存量）约22.3%，与发达国家相比还属于较低水平。远低于1989年日本泡沫经济崩溃时日本资产泡沫率的273%，大约仅相当于日本当时经济泡沫规模的1/9。同时，又是2008年的美国资产泡沫率（资产泡沫存量/资产存量）46.8%的大约一半。

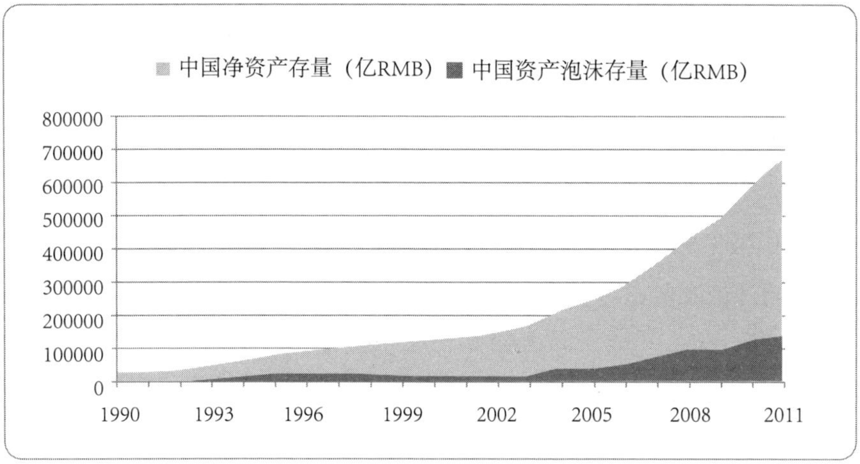

图 3-1　中国净资产存量 & 资产泡沫存量

（1990—2011 年，亿人民币）

（统计数据来源：《中国统计年鉴》中国国家统计局）

中国政府的房地产投机限购（如二套房限购、按揭比例下调等）政策的实施，对近年中国不动产泡沫的膨胀，起到了极大的抑制作用，其功效也让民主市场国家望尘莫及。

中国的“凯恩斯主义失业”

所谓“凯恩斯主义失业”，就是指因“政府财政赤字消费”造成的政策性失业。任何国家的新增就业，都最终源于新增净投资（总投资-折旧），此外没有其他任何途径；政府财政赤字消费，会导致等量社会总投资的相应减少——政府从银行拿走了本来会用于实体经济投资的钱，于是投资下降多少，就业也就会相应减员多少。用投资下降总额除以“投资就业率”（即资本装备率=人均就业所需投资量）的比值，再乘上“实体投资率”（每单位资金用于实体经济投资的比例），就可以算出政府赤字财政消费会减少多少就业。

1936年凯恩斯（John Maynard Keynes，1883—1946年）的旷世之作《通论》问世，自此人类的经济学有了宏观和微观之分，经济政策理论也进入了凯恩斯时代。《就业、利息与货币通论》（简称《通论》），在那个大萧条让美国25%的人口卷入失业的时代，开宗明义要用他新的理论和经济政策，来实现“充分就业”：在经济萧条时期（或有效需求不足时），通过政府财政赤字消费来增加有效需求，拉动市场活跃最终实现就业增加和收入增长。

中国也同样逃不过因政府赤字消费造成的失业增加的魔咒。2003—2012年的10年间，中国国家财政赤字总额3.7万亿人民币，财政赤字消费总额3.3万亿人民币[①]。

同期，固定资本投资增量合计15.5万亿人民币，新增就业人口3983万人（中国投资就业率=净投资49.5万人民币/新增就业·人）。就是说，中国大约每增加50万人民币的投资，就可以增加一个人就业。

从中国的总体储蓄规模看，1980年至2012年的32年间，中国国内储蓄总量约21.19万亿美元，是同期全球总储蓄106.86万亿美元的19.8%。就是说全球近20%的总储蓄都在中国，中国的投资和收入（GDP）怎么能不增长呢？

相反，日本同期的总储蓄仅为0.20万亿美元，中国总储蓄是日本的106倍，日本的经济增长怎么能不停滞呢？

且，2007—2011年的5年间，中国全社会信贷总额合计192.2万亿人民币，其中固定资本投资108.9万亿，信贷投资率56.7%。即，每100元人民币的银行信贷中，会有56.7元用于固定资本投资。在全球

① 财政投资率按12%计算=就业支出+农林水事务支出+交通运输支出=10376亿≈11.4%。

一片叫苦连天的不景气中，正是这种信贷投资率（总投资/信贷总额）的不断攀升，才让2013年的中国经济能够难能可贵地维系7.8%的高增长率。

10年来，中国的信贷总额和固定资产投资额的绝对值虽然在下降，经济增长速度仍然保持较高水平，主要原因也在于此，但2011年以后，中国的信贷投资比率也呈下滑趋势。

保守地估计，如果2003—2012年的10年间，中国摒弃掉“凯恩斯主义失业”，就可以增加就业660万人，这相当于同期新增就业人口3983万人的16.6%。如果再将约20万亿人民币的地方政府债务余额计算进去，增加的就业岗位还会大大增加。

中国经济是否会急刹车？

今后的30年中，中国是否会步美国和日本的后尘，慢慢陷入停滞呢？

答案取决于中国在以下因素上的变化：

⊙ 中国赤字国债消费的规模

虽然中国的政府国债余额，2007年以来稍有下降，但国债余额目前还是以每年约5000亿人民币的规模递增，这种增加势头不能遏制，今天的日本和美国，很可能就是明天的中国。

⊙ 中国金融市场投机规模

2014年5月中国证监会发布《关于进一步推进证券经营机构创新发展的意见》，支持证券经营机构进行销售交易类产品创新，满足客户

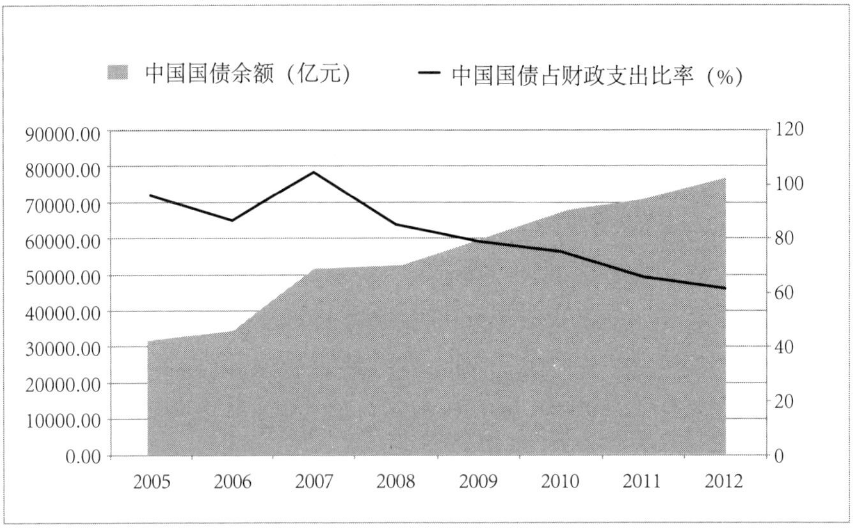

图3-2 中国国债余额 & 财政支出国债率

（2005—2012年，亿元，%）

（数据来源：中国国家统计局，年度统计数据。中国的国债余额从2005年的3.26万亿，增加到2009年的6.02万亿和2012年的7.75万亿，是2005年的2.4倍）

对非标准化产品的需求，鼓励证券经营机构为大宗交易，私募产品，场外衍生品等各种金融产品开展做市等交易服务。

中国金融界，是否会由此卷入金融衍生品泛滥的漩涡，必须警觉。对2014年的中国而言，把资金引入“赌场”，短期内可能缓解国内“资本相对过剩”的压力，但从长期看，有百害而无一利。

⊙ 中国的资本外流规模

中国政府正在启动若干鼓励国有企业和民营企业对海外投资的政策（2012年7月3日，发改委、外交部、工信部、商务部、央行等13个部门发布《关于鼓励和引导民营企业积极开展境外投资的实施意见》），排除那些确保战略资源和原材料的项目外，中国制造业的直接对海外投资的增加，是否会走上20年前日本的老路，就要看海外投资的规模到底会走多远。

只要“资本自由化”的大门一打开，许多事情就没有事先预想的那么容易把控了。2012年的中国对外投资总额878亿是2007年的265亿的3.3倍，也是截至2012年中国对外投资存量5319亿美元的16.5%，增速明显（见图3-3）。幸运的是，在中国的对外投资总额中，制造业的比重目前只占8%~9%。

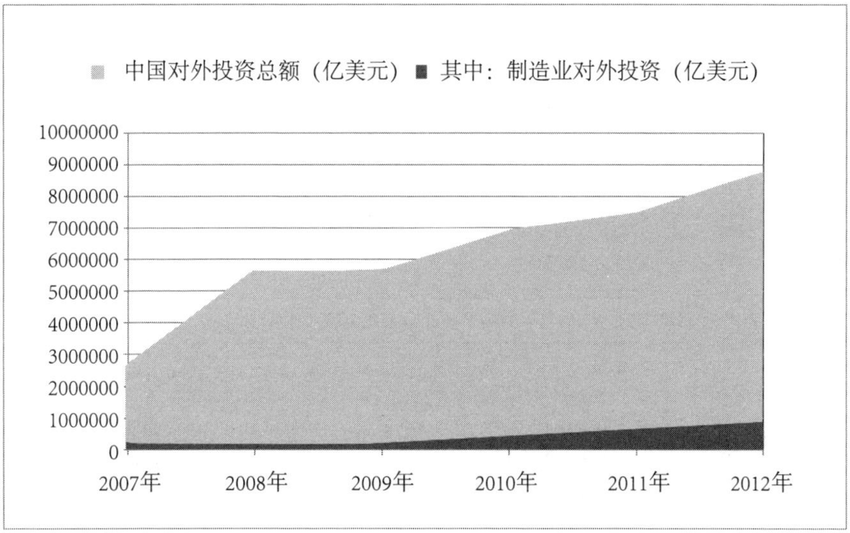

图3-3　中国的对外投资

（2007—2012年，亿美元）

（数据来源：中国国家统计局，年度统计数据）

总之，未来30年中国的命运，同样毫无例外地决定于：政府赤字国债消费水平、资本外流规模和净投资的整体规模。寒暑冷暖，均系于此。政府在经济活动中的最重要的职能，就是遏制经济泡沫、杜绝经济危机。在2008年全球金融风暴爆发后，以追加政府投资4万亿投资的果敢举措力挽狂澜，为顶住当时发达国家经济衰退的车轮，关键时刻尽了强劲的一把力，难能可贵。中国政府毅然追加4万亿人民币投资，告诉了各国政府：在经济危机面前政府应当做什么。追加4万亿人民币的投资对扭转经济危机期间的“恐慌性需求萎缩”和经济颓势的效果，要比美国政府用2万亿美元去“救市”所带来的要微弱很多，效果截然相反。

过去几年，无数海内外学者、研究机构也许是抱着“盛久必衰”的逻辑掐算，开始频频唱衰中国。可蝴蝶的翅膀虽然一直在煽动，“蝴蝶效应”却迟迟没有出现——中国经济并没有如期“崩溃”。

那么，已经有了30年经济高速增长不凡业绩的中国，今后是会延续这种一发而不可收的迅猛势头，还是会突然“急刹车”呢？

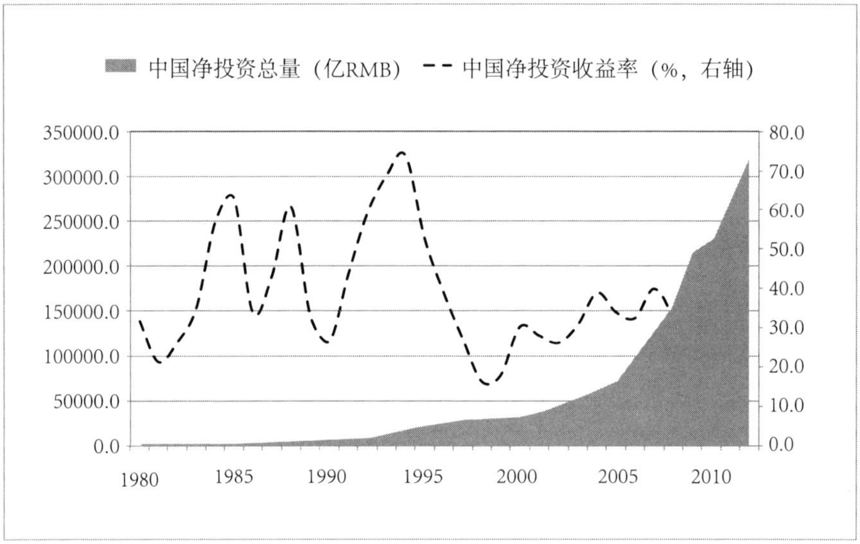

图3-4 中国的净投资总收益率

（1980—2012年，亿元人民币，%）

（数据来源：中国国家统计局，年度统计数据）

通过图3-4的数据不难看出，中国的净投资收益率△GDP/（总投资-折旧）在1984年、1987年和1994年前后出现过三次高潮（高峰期均超过 50%，1995 年以后迅速下滑到 15%；2000 年以后又逐渐回升到 35%，2008 年金融风暴后的下滑也很自然）。问题是在 2010 年以后，中国的投资收益率又出现了继续下滑的趋势，与之相反，中国净投资的增势却有强无弱，难免让人诧异。

其原因莫过于：中国的投资收益率虽然在下降，但同比依然高于世界其他国家和地区；2012 年以前的大量投资存在惯性；由于资本账户尚未开放，中国国内资本向海外流动的大门还没有完全打开，过剩资本没有溢出的管道。

有鉴于此，第一，中国 50% 以上的高积累率已经达到极限，今后很可能有所回落；第二，人民币升值和国外市场价格下跌的双重压力，会在很大程度上抵消企业效率的提高；第三，工薪阶层收入的增长很难超过 GDP 增长水平；第四，中国的“低收入红利”在迅速减小。

因此，今后数年中国经济增长率的逐步减缓，在所难免。但即便如此，中国的增长率仍然会大大高于其他国家，并数倍于美国和日本。中国像 1990 年日本经济泡沫崩溃后那样，出现经济增长急刹车的可能性微乎其微。

这是因为，中国的政府财政赤字消费规模还没有病入膏肓，不论政府赤字消费占财政支出的比例，还是该消费占 GDP 的比例，都还没有达到美国、日本和南欧诸国那么庞大的规模。但是，仅 2006—2012 年的 7 年间，中国的政府赤字消费累计，已经达到 29.7 万亿人民币，相当于 2012 年 GDP 51.9 万亿的 57.2%。严峻的问题是，2007 年以来政府财政赤字消费总额，一直占居民消费支出总额的约 38%，这意味着政府每年都让中国民众的消费被增加了 4 成。

而且，中国在进一步“民营化”的过程中，今后企业效率还有上升的空间；30 年 GDP 高速增长装备起来的中国资本，在多年山寨、模仿后，虽然“后发红利”已渐枯竭，但中国企业也已经有了自己开发尖端技术，独立完成将未来市场推上更高台阶的实力。鉴此，未来的20年将证明，中国经济“崩溃论”没有值得信赖的依据。

那么，30年来的中国经济奇迹的背后，是否也是“应激压强”在推波助澜？

大逃港：中国改革开放背后的“应激压强”

当年北京“四君子”警示中国经济已经到了崩溃边缘的时候，1979年中国的人均粮食产量340.5kg，比1950年的人均239.4kg还要多42%。改革开放前中国经济崩溃的背后，不是绝对贫困，而是相对极端贫困。

大跃进后的1960年，香港人均GDP 429美元为中国同年人均GDP 89美元的4.8倍，台湾的164美元仅比中国大陆高84%。但是，到了“文革”后期的1969年，中国大陆的人均GDP 99美元变化不大，而香港则上升到826美元，达到大陆的8.4倍；台湾353美元为中国大陆的3.5倍。

1970年以后，中国大陆与港、台的收入差距迅速拉大。十一届三中全会召开的1978年，台湾人均GDP已经达到1944美元，为中国大陆的12.5倍；香港更高达4569美元，冲到大陆155美元的近30倍。

巨大的收入差距，在中国大陆形成了超强的“应激压强”和离心倾向，其结果就是中国南方各省50万人的“大逃港”。

短短几年后，从合作化让农民再次失去土地，至改革开放前的1978年，中国南方12省的民众自发偷渡外逃共约56万人次，其中逃出14万人。逃港者多为农民，也包括城市居民、学生、知识青年、工人，

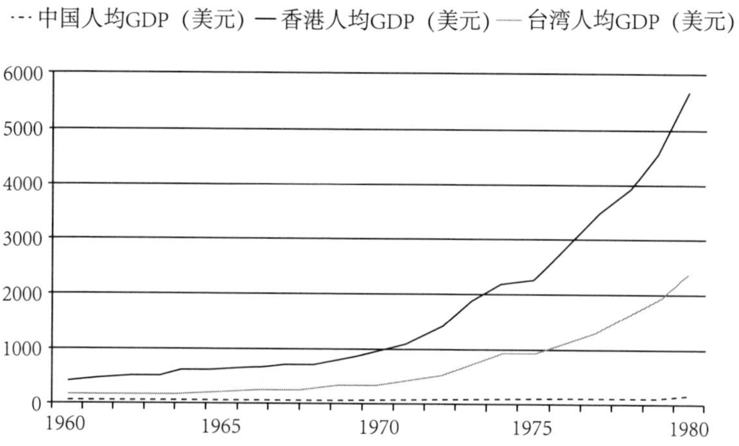

图 3-5　中国改革开放前与港台的收入差距

（1960—1979 年，美元）

（资料来源：中国统计年鉴、世界银行、台湾银行等统计数据）

甚至干部、军人。至 1978 年深圳市干部逃港者 557 人、逃出 183 人；市直机关有 40 名副科级以上干部外逃。逃港方式分走路、泅渡、坐船，甚至有人将几百个乒乓球串在一起，作为漂浮工具。为了躲避警犬，一些逃港者临行前会到动物园收买饲养员找到一些老虎的粪便边走边撒，警犬闻了老虎粪便的气味便不敢追踪。从蛇口、红树林一带出发游过深圳湾，大约一个多小时就能游到香港新界西北部的元朗。广东人把这种水路偷渡称为“督卒”，借用象棋术语，意即“有去无回”。

20 世纪 60 年代之前，中国边防部队遇到不听阻止的偷渡者可以随时开枪，许多偷渡者被打死在滩涂和山里。一些不熟悉当地滩涂的偷渡者下水后双腿陷入淤泥不能自拔，涨潮后被活活淹死，一经退潮尸体像一根根插在海滩上的蜡烛。这在当时催生了一个新职业——“拉尸行”。鼎盛时期（上世纪 70 年代末）深圳活跃着 200 多个“拉尸佬”，每埋好一具偷渡客尸体，可以凭证明到蛇口公社领取劳务费 15 元（差不多相当于工厂学徒工一个月的工资）。《大逃港》作者陈秉安曾采访过的一个“拉尸佬”，最多的一天他从公社领到了750元，而在那天他埋葬的50具尸体中，有4个是自己的亲人。

在那个年代，偷渡成了公开的秘密。逃港者来自广东、湖南、湖北、江西、广西等全国12个省、62个市（县）。由于大量外逃，深圳许多村庄“十室九空”，1971年宝安县公安局的《年终汇报提纲》称：大望前、马料河、恩上、牛颈窝、鹿嘴、大水坑等许多村庄都变成了“无人村”，有个村子逃得只剩下一个瘸子。为了收容抓到的偷渡者，当地政府新建了百余个收容所，但常常人满为患。哪家有人偷渡成功，家人不仅不避嫌，反而会在外人面前炫耀，更有甚至会大摆筵席，大放鞭炮，以示庆祝。广州番禺的沙湾大队，还出现了以生产队长为首、党支部书记和治保主任全部参与的偷渡事件，他们外逃时有数十名村民到海边饯行。

香港政府最初虽然不承认逃港者的“居民”身份，但对这些偷渡者其实并不拒绝。逃港者们开始在街角、空地处用木板钉出板屋，有些也到大楼天台上搭建，这也形成了一个后来香港报刊常用的名词：“天台木屋”。到上世纪60年代，由于逃港者的数量越来越多，港英当局开始实施“即捕即遣”政策遭到了普遍的反对。1962年5月，有3万多名逃港者聚集在香港市区附近的一座名为华山的小山上。平均一个逃港者会与10名香港的亲人、同乡、同学、朋友发生联系，这等于牵动着30万香港市民的心——在香港当时的300万人口中，平均每10个人里就有一个人要为华山山头的情况担心。当港府调集了数千名军警，开始大规模地驱赶与抓捕时，有十余万香港市民，带着食品和饮水赶到华山保护这些逃港者。许多香港警察也不忍心抓捕这些人，甚至与逃港者抱头痛哭。当逃港者被强行拖到山下准备第二天遣送回内地。当晚，香港几乎所有的娱乐场所都自动熄灯闭门以示抗议。几乎所有的媒体都停止了娱乐节目，许多电台开始现场直播华山的状况。第二天，当数百辆汽车排成长龙，缓缓向内地方向开去时，数百名香港市民突然跳到马路当中，躺在地上，挡住了汽车。人群里爆发出吼声：“快跳车啊！”有近千名逃港者在香港市民的掩护下逃离了现场。

这是改革开放前中国历时最长、人数最多的民众自发性大逃亡，史称“大逃港”。为纪念这段历史，广东人民出版社出版了陈秉安的长篇纪实文学《大逃港》。

对“逃港”原因最中肯的判断来自邓小平，1977 年 11 月听完广东偷渡问题的汇报后，他连吸了几口烟，平静地说：“这是我们的政策有问题。逃港，主要是生活不好，差距太大。”当时，宝安县一个农民一天的平均收入大约 0.7 元，香港农民一天的收入平均为 70 港币，差距近 100 倍。当地流传有民谣：“辛辛苦苦干一年，不如对面 8 分钱。”（指寄信到香港叫亲属汇款回来）当时的物价水平极低：鸡蛋每斤 0.48 元、猪肉 0.78 元、大米每斤 0.23 元、白面每斤 0.18 元、粗粮每斤 0.10 元、蔬菜每斤在 0.05 至 0.20 元之间，各类水果每斤也不会超过 1.0 元，看电影 0.05 至 0.1 元。香港亲友的些许接济，就够广东农民生活一段时间。

中国的社会生产力和收入水平如果继续停滞不前，很可能出现更大规模的“逃逸”。这种巨大的收入差距，把中国逼到了不得不“改革开放”的绝境。

于是，今天就不难理解，1979 年以后中国一旦进入改革开放，整个社会被压抑了 30 年的巨大能量，一下子便会如火山般迸发出来，排山倒海、势不可当。

如果人类会有下一次“应急突变”，它不管因何而生，都依然会因人们在特殊压力下的超常表现，为世界增添另一番风采。

30年弹指挥间，在中国出现经济奇迹的同时，曾经在明治维新和战后经济高速增长期，表现我之出色我让人瞠目结舌的日本，在1990年日本经济泡沫崩溃后，却从此20多年一蹶不振。那些曾经被无数专家学者归纳出来的“日本经验”，似乎一夜间烟消云散，日本到底怎么了？

第四章　日本经济是怎么进入“冬眠”的?

1990 年的泡沫崩溃成了日本经济的拐点。

从这一天起日本经济一改常态，陷入了长期的慢性经济萎缩。2010 年日本的 GDP 总量 5.49 万亿美元，基本上与 15 年前 1995 年的 5.33 万亿美元平分秋色；而且在此期间，GDP 总量还出现了 3 次大跌。

1997 年前后，日本的人均 GDP 首次出现下滑，这甚至意味着劳动生产率的下降。日本经济就像一个慢性失血的病人，慢慢进入了“冬眠”。

于是，当年的辉煌成了玫瑰色的记忆。1989 年 12 月底，年底股市惯例的“最后一跃”，让东京的股价冲上 38957 点的巅峰。几乎所有人都沉浸在喜悦和亢奋中，对明天充满期待。各公司的“忘年会”竞相奢华，不光是公司老板，就是部长、课长“二次会”吃喝玩乐之后，都会慷慨地掏出钱包为部下埋单。

元旦凌晨，涌向明治神宫的祭拜人数创下了历史纪录；随着人们钱包的变厚，据说保佑生意兴隆的浅草“鹫神社”神龛的卖价也越来越贵。设计精美、质量上乘的各种电器产品，神话般地在世界每个角落畅销，让日本货真价实地成了“日不落”之国。

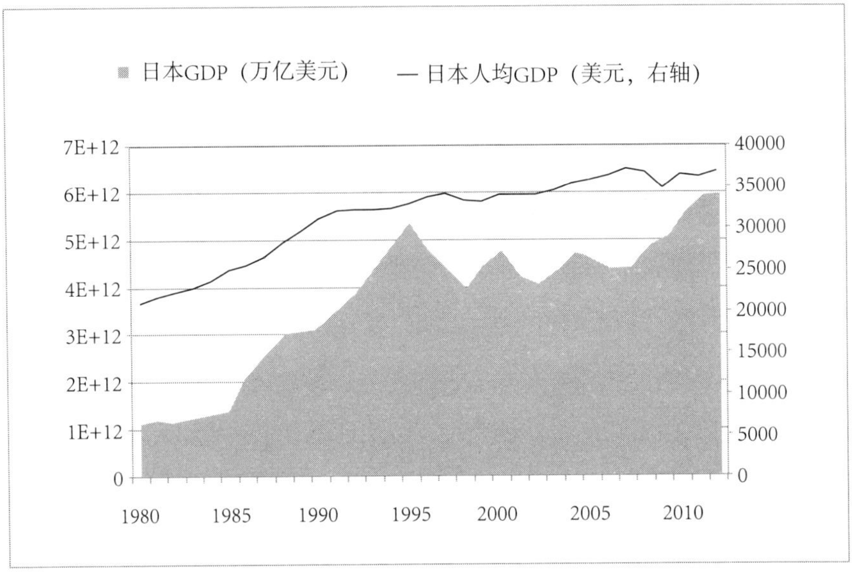

图4-1 日本GDP和人均GDP的走势

（1980—2012年，万亿美元，美元）

（数据来源：世界银行统计数据，历年）

真金白银的泡沫

经济泡沫是在每一个日本人的手中膨胀起来的。今天日本的一砖一瓦、一针一线，都是1868年以来130年日本人含辛茹苦、忍辱负重的积淀。

早在战前，日本固定资本投资与GDP的比率，就和储蓄率基本同步。1868—1885年资本形成率约为4%，储蓄率4%；1901—1913年资本形成率6%，储蓄率5%；1932—1941年资本形成率14.0%，储蓄率18.5%。这就是说，几乎储蓄起来的每一分钱，都被用作了投资。当时的日本政府，除了将国债全部用于投资以外，还要再从政府财政支出中，拿出了相当于国债总额 3 倍的钱，也全部用作了政府投资。于是，日本的国家债务仅占政府投资的 1/4，政府投资占财政支出的比例高达 2/3（从 1932 年的 57.8% 提高到 1936 年的 65.2%）。

此后，日本政府又将政府投资办起的国营企业转手给民间企业，转向以民间为主体的工业化。明治政府 1880 年 11 月颁布《工厂处理概则》，对购买国营企业的公司和个人进行了一些规定和限制。在 1884 年松方正义就任大藏卿后，进一步废除了其中大部分限制，改为只要具备充分的资本便可购买官办企业的方针，于是民间资本和企业争先恐后、如鱼贯入。三井集团购买了三池煤矿、新町纺纱所和福冈制丝所；三林集团购买了长崎造船所、佐渡金矿、生野银矿、高岛煤矿、大葛金矿；古河市兵卫购买的院内银矿、阿仁铜矿、深川水泥厂（浅野总一郎）、小坂银矿（久原庄三郎）、兵库造船所（川崎正藏）、品川玻璃厂（西村胜三）等。民间投资蔚然成风，工业化扩展迅速。

当年明治政府的这些举措，为日本工业化夯实了基础，也奠定了近代日本财阀（三井、三菱、大仓、浅野、古河、川崎等）的根基。赶上了这班工业化快车的人，后来也都成为日本财界、企业界的佼佼者，将其他那些贵族和领主（大名）们永远地抛在了身后。

整个战后的高速增长，也是资本高速积累的缩影。1990 年日本的总投资 140.1 万亿，比 1960 年的 5.3 万亿日元 30 年间增长了 26.4 倍，几乎每年比 1960 年增加一倍。1970 年日本的总投资 26.0 万亿日元，是 1960 年 5.3 万亿日元的 4.9 倍；1980 年的 75.4 万亿，是 1970 年的 2.9 倍；1990 年的 140.1 万亿，又是 1980 年的 1.9 倍。参见图 4-2。

同时，日本 1990 年的净投资 76.2 万亿，比 1960 年的 3.5 万亿日元 30 年间增长了 21.8 倍。1960—1990 年的 30 年间年均总投资率净投资率 30.3%，年均净投资达到 16.8%。

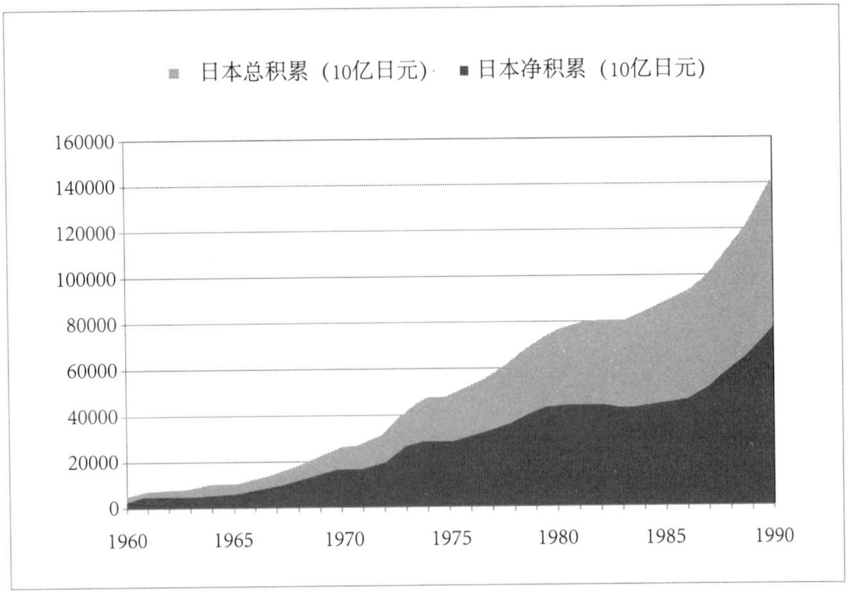

图 4-2 战后日本国内总投资与净投资

（1960—1990 年，10 亿日元）

（数据来源：日本总务省统计局、统计数据）

在这蒸蒸日上的背后，是战后 40 年，以致 1868 年明治维新以来 130 年，日本人精打细算、压抑消费、竭力存钱的结果，也是上帝对他们没日没夜地拼命工作、艰苦卓绝“努力勤勉”的回报。

那时的日本，真的如朝阳升起，看不到任何日落的迹象。如果有人在当时告诉你，从 1990 年开始，日本经济将踏步不前，别人会说你脑子有问题。

投机的疯狂

收入和财富的增加，让每一个日本人的钱包和投机勇气同时膨胀了起来。几乎所有的东西都在涨价，股价、房产、地产、珠宝、文物、金枪鱼、卞当（盒饭）等等。“投机热”拉动全国物价全面上涨，从普通职员的月薪、一碗拉面和街头擦一次皮鞋、丧葬费和墓地的标价，甚至到轻井泽的别墅、宠物旅馆、青山墓地等等，一起水涨船高。

一根“人间国宝”制作的竹制牙签，甚至可以卖到了1万美元（约合1989年的8.6万人民币）；一个普通公司的老板，从挎包里抖出1000万日元（约80万人民币）现金，拍在夜总会小姐的茶几上作为小费，然后扬长而去，已经算不得什么新闻。

经济泡沫的本质是资产泡沫，资产泡沫是资产价格在投机资本推动下的超值上涨。所谓“超值”，就是“资产增量”（ΔA）超出“净投资增量”（ΔNi）部分的异常增值（资产价格又可分为“有形资产价格”和“金融资产价格”。有形资产价格如房地产价格或固定资产价格等；金融资产价格如股票、期货、债券价格等）。经济泡沫与固定资产价格的上涨有同步的倾向。经济泡沫的崩溃，就是指资产价格在达到“临界”后的突然暴跌。当然，经济泡沫（或资产泡沫）崩溃时，总会发生某个“引爆事件”——如日本1990年股市大跌或“雷曼兄弟公司”倒闭等。

当时，日本出现过三次较大的资产泡沫膨胀，1978—1981年（泡沫增量约437.2万亿日元）、1985—1987年（约726.9万亿日元）和1989—1990年（约538.8万亿日元）。这使整个日本的房地产价格提高了近两倍。

1985年以后的资产泡沫迎来第二次高潮，来势更为猛烈。1985—1989年日本资产泡沫的增量1200亿日元，是20世纪70年代末期第一次资产泡沫增量的4倍。日本银行业对房地产业的贷款余额由1985年的约17万亿日元，增加到1991年的约43万亿日元，增加了1.5倍。由此，东京、大阪、名古屋等六大城市经济圈的商业用地价格指数

1985年比1980年上升了53%，1990年比1980年上升了525%；同期日本全国平均土地的平均价格上涨了1倍以上。

“泡沫承受力”（人均泡沫存量/人均GDP)，关系泡沫在膨胀到多大以后可能崩溃。日本1989年的人均经济泡沫存量1541万日元/人(11.4万美元/人)，为当时日本人均GDP 24505美元的4.6倍。就是说，在1990年时日本的人均泡沫承受力的临界极限，约为人均GDP的4.5~5倍。

美国的情况如何呢？1989—2008年的资产泡沫存量约23.2万亿美元，2008年的资产泡沫（存量）率（Bs）为46.8%。到了2008年金融风暴前，美国的人均泡沫压力80427美元，为2008年美国人均GDP 49893美元的1.61倍。

相比之下，1929年大危机前（1922—1929年）美国资产泡沫存量2199亿美元（人均泡沫存量1787美元)，比1929年美国人均GDP 838美元（当年价格）的2.1倍的泡沫规模，还要大得多。而且，美国人当时50%的房产被作为炒股的贷款抵押，10月25日的股市暴跌的心理冲击，要比1990年的日本泡沫崩溃强烈很多。比较图4-3和图3-1不难看出，美国的泡沫存量与资本存量的比值，也要比中国高出很多。

经济增长和收入提高，在为日本人带来不断膨胀的财富的同时，也积淀出规模愈为庞大的闲置资金和过剩资本。虚拟经济利润率的居高不下，让人们不再理会金融投机收入的来源和风险。似乎1929年美国股市大崩盘前，计量经济学家费雪“股市将进入永恒的上涨期”的鼓噪，在1989年依然可信。

看着账号上存款不断增加的日本人，资本在本能的作用下开始骚

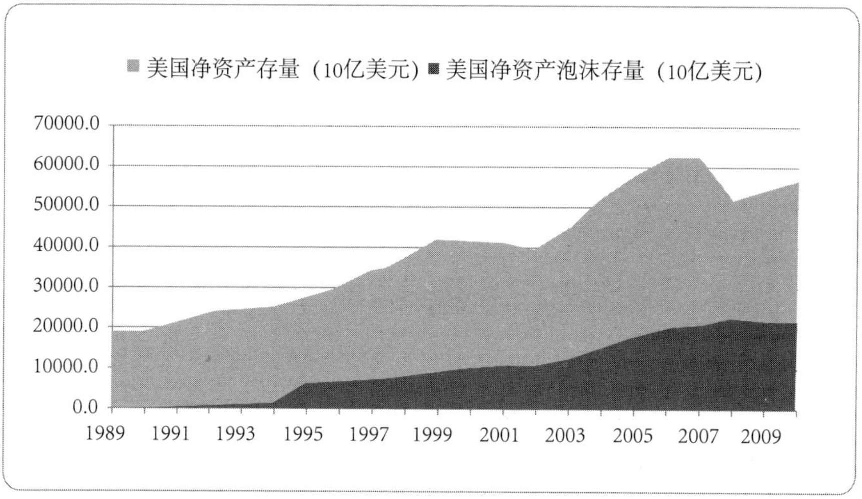

图 4-3　美国净资产存量 & 资产泡沫存量

（1989—2010 年，10 亿美元）

（数据来源：美国数据总览历年①）

动，实体经济“汗珠砸脚面”的艰苦创业不再时髦，炒股和房地产倒手后的一夜暴富，却迎来更多人羡慕的目光。

东京银座从来就是日本的“地王”，1989 年每平方米地价攀升到 35 万美元（约合 300 万人民币/m^2）。辛辛苦苦的出口创汇，换来了日元从 360 日元，飚升到了 4 倍以上的 78 日元/美元后，日本人开始飘飘然地觉得自己突然成了财主。不仅国内大都市圈的房地产，就连美国纽约的第五大道，也成了日本大房地产商投机的标的。

整个日本都在“忙碌”中，道路上的每辆汽车都争先恐后、争分夺秒，前面的稍微开慢一点，后面的车会鸣笛催你；推开一个餐馆的门想找工作，老板会让你马上换衣服当时就上班；路上和电车站夹着鼓鼓囊囊公文包小跑着的人们中间，大多是各种新产品的推销员、保险推销

① 美国商务部编，［日］柊風舍译：《现代美国数据总览历年》。

员和证券期货等的促销员，他们的业绩几乎与走路的速度呈正比。

入夜，到处灯火通明，加班后身心疲惫的公司职员，也要在酒馆一直喝到伶仃大醉，甚至赶不上末班车。稍微去晚了，夜总会里熟悉的小姐身边早就坐上了别的客人；谁家的丈夫下班回家太早，很快会招来邻居主妇们的风言：是不是被公司开除了？

这些闲钱，从实体经济投资中游离出来，汇集成“投机资本”（热钱）。在资产保值和追求更高利润的原始冲动驱使下，投机资本会迅速向各种可能更快盈利的投机方向——房地产、固定资产、古董、字画、文物、珠宝等领域腾挪。泡沫膨胀时期，为了躲避高额的所得税和继承税，日本的各种博物馆如雨后春笋，不仅欧美的名画杰作，中国著名画家范增也第一个在冈山有了个人美术馆。

在泡沫癫狂的年代，多数日本人都相信眼前的景气和繁荣会长久地持续下去。在世界各地疯狂购买名牌商品的日本人流，丝毫不比今天中国人在世界各地的名牌购物团逊色。世界各大媒体都在鼓吹“日本模式”、“JAPAN. com”、“东方（高速增长）神话”，美国《时代周刊》的封面登出的漫画：一架日本飞机正在向美国丢下一辆辆汽车和各式家电……标题是“虎、虎、虎”。

在1980年和1989年前后，日本的过剩资本出现过两次高潮，1989年日本的相对过剩资本达到634万亿日元的高峰图4-4。过剩资本EC=银行存贷差Dp-（进出口）贸易差Tb（其中：过剩资本Excess capital；银行存贷差Deposits and poor；贸易差额Trade balance）。泡沫崩溃后，为了填补资产价格下降造成的亏损，金融业和不动产业、建筑业不得不贷走大量的银行资金，1991—2000年的10年间该三大行业的借款增加额（相对1990年）304.1万亿日元，相当于同期日本全部银行贷款增加额925.2万亿日元的33%；银行向金融业的贷款从1990年的37.7万

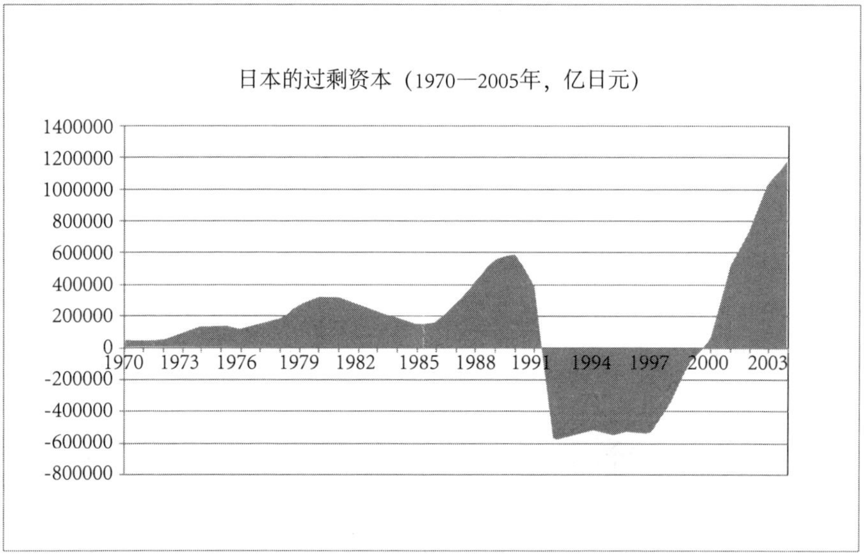

图 4-4 日本过剩资本的推移

（1970—2005 年，亿日元）

（数据来源：日本银行统计局、日本内阁内务省统计局）

亿，迅速增加到 1992 年的 46.7 万亿和 1995 年的 49.6 万亿日元；银行向不动产业的贷款也从 1990 年的 42.4 万亿，迅速增加到 1992 年的 51.7 万亿和 1994 年的 55.9 万亿日元。

赌风日盛

股价疯涨背后推波助澜的是接踵而至的金融投机资金，在那些把祖宅抵押出去也要炒股赌钱的人们中，隐约可以看到 1929 年美国大萧条前，50% 的住宅被抵押出去也要贷款炒股的那些美国人的背影。只要可以筹措或借到的钱，很快就砸向股市，生怕赶不上这班车。

顶峰时期，日本证券市场 1989 年的市值达到 640 万亿日元，是 1980 年 81 万亿日元的 7.9 倍，是 1970 年 16 万亿的 40 倍！这意味着，在1970—1990年的20年中，每年有相当于1970年市值2倍的钱不断流入金融赌场！

房地产泡沫和股市泡沫是“双胞胎”。截至1989年底，日本经济泡沫存量约2083万亿日元，为泡沫崩溃前1989年GDP 402万亿日元的5倍！

不动产投机的随波逐流

当年日本的经济泡沫，是房地产泡沫的解释非常普遍，但这种说法近乎偏颇。1989年以前的20年中，比房地产泡沫更为严重的是金融资产（股市）泡沫。这一特点与以金融泡沫为主的美国，和今天以房地产泡沫为主的中国，形成鲜明对照。

价格峰期在东京银座，因买入一座“三爱大厦”，而让一个有名的不动产公司倒闭成了新闻，人们却只是在庆幸自己不是那个买主。一句“一个东京的地价可以买下整个美国”的渲染，让三菱地所在纽约高价买下的一大块土地，变成了停车场。

在股市与房地产的双重泡沫中，股市泡沫的规模和膨胀速度，要大大高于房地产泡沫。单纯从升值幅度看，当时日本股市的涨幅是不动产价格涨幅的大约4倍。某种意义上说，日本的大量投机资本在源源不断地流入股市的同时，绑架了当时的房地产价格。就像你大笔赢钱后走出拉斯维加斯赌场大门时，对于花高价购买奢侈品没有感觉一样，股价上涨时期股票交易带来的“虚拟收入”给人以错觉，使人们的消费观和对金钱的“感觉”发生扭曲。

一个国家的资产泡沫有多大，投机资本就有多大。就是说，投机资本增加的每一分钱，都是实体经济的等量失血。由于投机资本本身如果进入实体经济投资，就可以增加收入和就业，因此也可以说资产泡沫的膨胀规模，也是实体经济投资的萎缩规模。

投机资本就像一个嗜饮如命的酒徒，手里只要有了钱他们就要狂饮豪赌一次，直到造光手里所有的积蓄，如果他们伶仃大醉后掀翻餐桌，并引发整个餐厅的“恐慌”，就会引爆经济危机。

日本在陶醉，泡沫在疯狂。

泡沫崩溃：曲终人散时

1990 年元月一开年，东京股市开始大跌，一发而不可收。大多数人的“看跌预期”一直将股价砸到 8 年后的 1998 年，只有峰值的 1/4 才见底。虽然每天报纸上都有不好的消息，但过去 10 年牛市的辉煌，给了多数“赌民”（股民）一线希望，似乎昨日的好景还会再次回来，于是股价在一波一波的跌宕中下滑，等人们醒来时，变为一片绿色的显示屏，已经将股价送到了谷底。

日本泡沫崩溃的起点，是股价在 1989 年 12 月 31 日达到顶点后的暴跌。随后，整个日本社会对不动产价格的继续上涨发生了根本的动摇，房地产价格也从 1990 年开始应声下跌。不仅是房地产和其他不动产，几乎所有投机资本曾经争相进入后价格大涨的领域，价格开始全面下跌，短短几年里跌价大潮吞没了过去几十年中人们投机获得的几乎所有“暴利”。

股市成交额迅速下降，跌破维系整个金融证券机构最低运转成本的手续费下限：日交易额 10 亿日元。“久赌无赢家”，就连日本证券公司第一人的“野村证券公司”，不久也开始陷入了赤字和亏损。大量投机资金从证券市场撤守，“国际热钱”开始逃离日本金融投机市场，房地产价格随后闻风下跌。

投机金融的亏空开始让金融机构陷入绝境，连“三井银行”这样的百年老店、日本最有历史和实力的银行界翘楚也不得不被“重组”(破产)，日本各大报刊头版头条：25万三井人的耻辱！

接下来的坏消息更让人震撼，原本有政府背景的北海道拓殖银行、三和银行、东京银行等接连面临同样的尴尬，日本金融界陷入剧烈的震荡。

可怕的不是泡沫的崩溃，而是信心的崩溃。股市和不动产价格的大跌所造成的资产贬值，使日本国内和全世界曾经在对日投资中获利匪浅的外国投资者，彻底失去了信心，国际投机资本纷纷逃离日本。东京黄金地段泡沫时期被高价买下的土地，没再耸起高楼大厦，变成了一个个的停车场。

资本相对过剩的高峰期，挤压着日本国内的过剩资本纷纷转投金融投机领域，或流向海外成为“绝对过剩资本”（流向海外的资本)。泡沫崩溃后，日本国内的“相当过剩（投资实体经济的资本在国内出现过剩）资本”成了没头的苍蝇。

投资开始离开日本。1989年至2012年的23年间，外国资本净流入日本仅0.13万亿美元；而同期外国资本净流入中国2.72万亿美元（含流入港、澳)，是日本同期的近21倍。同期净流入中国资本2.72万亿美元，占全球总资本流入21.48万亿美元的12.68%，而日本仅占0.62%（见图4-5)。向海外的投资和转移，成为此后日本“持续20年”实体经济萎靡和“产业空洞化”的原因之一。

当年，英国工业革命开始后的1790年，荷兰GNP4.4亿荷兰盾，而海外投资高达8亿荷兰盾，按海外投资收益率4%计算，海外收入可达3200万荷兰盾，超过国内生产8%。于是，孕育出一大批“寄生虫

（海外投资家）”的同时，国内的传统工业地区因不断萎缩而陷入贫困和失业，社会不平等也在增加。直到二战后的20世纪50年代，荷兰的GNI（国民收入）还是国内收入GDP的约1500倍。就是说，荷兰的海外收入占了总收入的绝大部分，一代豪强荷兰躺在自己昨天的辉煌上慢慢地走向衰落。

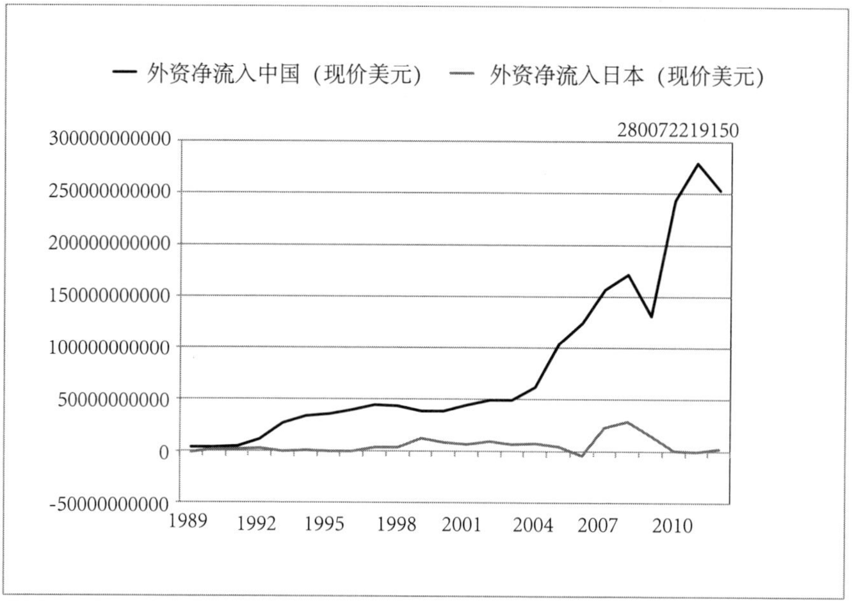

图4-5　中、日外资流入规模比较

（1989—2012年，现价美元）

（数据来源：世界银行统计数据。其中中国数据包含港、澳）

幸运的是，金融街内部的狂风暴雨、惊涛骇浪，并没有像雷曼公司倒闭时那样，把恐慌迅速蔓延到整个社会。

泡沫崩溃未必导致经济危机

值得庆幸的是，当时日本股市总体的下跌规模虽然很大，但是下滑周期却长达8年。人们总是在期待股市重回昨日辉煌的侥幸心理中，股市价格一步一步地被慢慢送入谷底。这就使这次股市大跌，并没有在日本人心里引发严重恐慌，也就没有出现“恐缩”（恐慌性消费需求萎缩）。1990年至1992年的3年间，日本的国内消费反而有所增长。

因此，虽然当时日本陷入了金融危机，却没有跌入经济危机，并没有酿成像美国1929年大萧条和2008年全球金融风暴那样的经济大萧条。经济危机的本质，既不是由于“生产过剩”（马克思），也不是所谓“有效需求不足”（凯恩斯），而是始于“恐缩”（社会恐慌后突发性的需求萎缩）。经济危机的形成机制是：金融投机市场（如股票或金融衍生品）价格大跌→金融危机→社会恐慌→消费需求突发性萎缩→库存增加→生产减少→企业亏损→失业增加→有效需求进一步下降→……→生产和库存调整→恐慌缓解→需求和市场回复……其特征与传统经济危机理论的核心区别在于：在金融危机爆发后出现的需求萎缩，一过性的突发事件的减少，与正常生产过程中的长期、持续性生产过剩或萎缩无关。生产过剩理论本身就是一个伪命题，在任何市场经济环境下的生产过程中，库存会成为一道天然屏障，当库存增加到一定程度后，企业的生产就会自然调整，因此不可能出现所谓的生产过剩。

同样，后来2000年纳斯达克指数暴跌后的美国，2007年股市大跌后的中国，也都没有因“恐缩”而陷入经济危机。就是说，**股市下跌的“软着陆”，使当时的这些国家避免了金融恐慌猛烈冲击后的经济危机**。

1990年经济泡沫崩溃后，日本的民间消费支出不仅没有减少，反而连年增加；而且，民间消费增长的速度，大大快于收入的增长速度，其中，1991年收入减少了14.5万亿日元，消费反而增加了6.7万亿日元；到1992年收入减少了4.4万亿日元，而消费依然增加了6.5万亿日元。这意味着1991年和1992年这2年，日本人需要拿出32.1万亿日元的存款，来应付当时刹不住车的消费势头，这些超支消费差不多相当于1989年400万亿总收入的8%。

所以，日本1990年的泡沫崩溃，只是一场金融危机，并不是一次经济危机。资产价格崩盘后，并没有像一般经济危机爆发后那样出现消费自发萎缩。

对于泡沫崩溃的原因和对策，日本国内主要分为：“通货紧缩派”（紧缩缺口派）和“结构改革派”两派。“通货紧缩派”（如岩田规久男）基本上属于货币主义，强调增加流动性的意义；“结构改革派”（如林文夫）则认为生产力的长期低下带来潜在增长率的下降，所以实施金融、财政等宏观政策不会有明显效果，应该通过规制改革来提高生产力①。但因并未抓住泡沫崩溃的本质，因此这两派提出的政策取向似乎很难奏效。而且，以存在逻辑缺陷的凯恩斯主义危机理论为基础，探讨应对非经济危机的泡沫崩溃后的日本经济政策，本身就不可能得出正确的结论。

泡沫崩溃后，日本经历了一个长达近15年（1991—2005年）的泡沫缓慢萎缩期。此间资产泡沫整体大约萎缩了1528.1万亿日元（约13.9万亿美元）。日本证券市场市值从1989年末顶峰的485万亿日元一路下跌，直到1998年才降到谷底的277万亿日元，从峰值萎缩了57%，其中仅1990年一年就减少了35%。

在股市疯涨的那些年代，最不可一世的也许是那些大证券公司。他们出手阔绰、行为排场，职员收入也大约是普通人平均收入的一倍；1989年日本某最大证券公司，仅中国问题的研究经费就有10亿日元，

① ［日］池田信夫著、胡文静译：《失去的二十年》，机械工业出版社2012年版。

可是到了1991年这些钱一下子就被削减到了零。随着熊市的降临，从金融公司到每一个职员的收入自然会骤减，甚至造成裁员或自然减员。

1992年3月股价跌到约14000后，连再发行“原始股”也会“破发”，这让一心盼着股市雄风重振的投机者们，对几乎所有股票的前景都开始望而生畏。

这一段慢性萎缩期在现实中相当痛苦。在房地产价格下跌潮中，许多后悔没在价格高峰期出手房地产的人们，宁可让那些现在连高峰期一半价格都卖不到的、早就该拆毁的破旧“一户建”住房，像风烛残年的老者，在寒风烈日中慢慢腐毁，也不愿“低价”出售它们。许多匆忙改行经营不动产的公司，迅速出现赤字和亏损，最后不得不搬进自己盖的办公楼成了“房东”。

原来在金融投机中一夜暴富的新秀，开始一个个搬出“亿宅”（億シュン）。泡沫时期在建筑造型和造价上的奢华越来越少，住宅楼和宾馆饭店的造价越来越低。新造的楼宇为了出房率变得越来越“方砖”，让今天的日本一眼望去到处都是方块楼。商店里各种廉价的“中国制造”无声无息地摆上了货架，替下绝对精工细作的“日本制造”，其背后就是日本原有制造业企业接踵倒闭，或搬迁到中国或其他东南亚国家。

奢侈品的销量迅速降温，中上等的餐饮店随着生意的黯淡而一家接一家地关门，相反“吉野家”、“好家”、“回转寿司”等廉价快餐店开始走火，中午套餐和盒饭的价格甚至跌到原来的1/2～1/3。

大排量和豪华车开始让位给“低排量”的轻型车，都市汽车总排气量的减小也在悄悄改善着那里的空气。以至于上世纪末，东京160多个空气监测点的检测结果突然变好，让气象部门都觉得莫名其妙。

坐落在大手町附近的百年老店“白木屋”落下帷幕，象征近代日本商业文明和最高消费水平的“百货店”相继破产关门，注重廉价的那些“超市”成为取而代之的幸运儿。

许多著名实体经济公司，因不动产投资的失败而不得不“解甲归田”，回到自己的本行。东京、大阪的偏僻处，那些“无家可归者”（ホームレース）的帐篷里，你不难碰到倒闭后不得不出来躲债的住宅建设公司的老板，他们将卖不出去的新建住宅荒废在那里，自己却在附近变成了无家可归者。

与日本相比，2007年中国股市经历的泡沫崩溃就较为幸运。经过17年的起起伏伏，中国股市从2007年1月4日开盘的上证综指2728点，终于在10月16日冲上了登峰的6124点，10个月涨了2.24倍（1993年股市开盘时的95点上涨了65倍）。此后，股市泡沫也开始破裂，从顶峰一泻千里跌回1664点，下降幅度高达73%，超过了1990年当年日本股市崩盘的下跌幅度。上交所市价总值14.79万亿，流通市值4.26万亿，市盈率48.7倍（仅次于2007年4月的53.24倍）；深交所市价总值4.54万亿，流通市值2.28万亿，市盈率59.9倍。

中国上市公司的市场资本总额，从1995年421亿元，增加到10年后的2004年640亿元，仅增加了52%，而2005—2007年的3年中就猛增到9.7倍的6220亿元。股市交易额占GDP的比例也从1995年的6.8%骤升到2007年的223%，泡沫膨胀之快让人胆战心惊。

物极必反。投机资本把股价炒得过热之后，何时下跌不过是时间问题。中国当时上市企业税后利润仅1255亿，而投资者年度支付的交易成本超过5000亿，按前者的4倍计算，当时的股票价值与企业盈利已完全脱钩。以7月31日的成交情况（只计算股票）计算，上海成交1520亿、深圳823亿，合计2343亿。当日支付印花税14亿，佣金9.2亿，合计23.2亿；以年度（240日/年计）支付税费约5568亿。

图4-6 中国上市公司的市场资本总额

（现价美元，%）

（数据来源：世界银行统计数据）

盛极而衰

除了热钱涌入的投机把市场价格冲到极致，不需要其他理由来解释当时的股市疯狂后的下跌。2003 年中国全社会信贷总额 102.4 万亿人民币，而其中固定资本投资 5.6 万亿仅占约 5.5%，投机之热可见一斑。

中国的侥幸在于，2007 年股市的泡沫崩盘，是在中国宏观经济整体上升途中发生的，当时中国的房地产价格还没有达到顶峰，因此也就没有随着股价的崩盘同时崩溃。除了股市，当时中国的其他经济指标几

图 4-7 2007 年中国股市泡沫破灭

（图为 2007 年沪深股市冲高回落。①）

乎一切正常。因此，中国人也没有因股市崩盘造成的冲击发生恐慌。相反，股价大跌后从股市撤出的资金，反而加大了中国国内过剩资本的总量，在资本账户并未开放的半封闭金融大环境下，退市资金反而会更多地流向房地产和出口行业，托住实体经济领域的价格不降反升。

全世界都在问：一个曾经以高积累迅速完成工业革命的“东亚经济骄子”，一个唯一在日俄战争中战胜过欧美国家的东方强国，一个昨天还创造过“战后经济高速增长”神话的日本，怎么就会在 1990 年股市下跌之后就会如此萎靡不振长达 20 多年？日本到底怎么了？

即便把 1990 年日本股市泡沫的崩盘，视为一次像 1929 年美国的大萧条和 2008 年全球金融风暴那样的经济危机。人类有史以来最严重的经济衰退——1929 年大萧条——之后，美国也不过在 6 年以后，就恢

① 内文图片来源：CFP /Getty Images。

复到了危机前的水平。日本经济怎么会连续20多年来一直在萎缩，而且看不到尽头？

这几乎成了一个“世纪之谜”。

第五章　日本政府错在哪？

泡沫崩溃后日本经济的问题不是天灾而是人祸。最终使日本经济步履阑珊的主因，是日本政府的“赤字国债消费”政策。

昨天的精彩

世界近代史上，日本作为一个后进小国，能够经过几十年艰苦卓绝的努力，成为数一数二的经济强国，背后的政府作用功不可没。

早在明治维新初期，日本国内的民间投资和民营企业还相当有限，那时候的日本国民还在观望中。于是，日本政府身先士卒，在冶金、造船、机械制造（军工）等行业率先投资，在初具规模后就将这些企业转让给民间经营。

战前1929大危机之后（1932—1936年），日本政府用于固定资本投资的比重一般为57%～65%；而同期日本政府发行的国债总额又大约占日本政府投资额的一半。这意味着，战前日本政府发行的国债，几乎全部都用在政府的固定资产投资上了。

虽然日本政府那时候也曾经大笔发行国债，但这些债务筹集到的资金，几乎全部用在了工业化投资方面，于是才有今天日本企业界和国民经济的基础。

步入歧途

战后，麦克阿瑟占领了日本，西方经济思想也开始主导日本政府的政策取向。特别是进入上世纪80年代以后，随着资本的相当过剩，泡沫经济的崩溃，当日本经济陷入慢性衰退时，“消费至上”的凯恩斯主义乘势成为主流，日本政府开始奉行本末倒置的“刺激内需”、“刺激消费”经济政策。

与其说是发达国家的政府遵循了凯恩斯主义，不如说凯恩斯主义的政策主张，与发达国家政府期盼赤字消费的心理一拍即合。所谓凯恩斯主义的经济理论，成了包括日本在内发达国家各国政府财政赤字消费的借口。

用尼斯坎南的“双重垄断”理论[①]解释财政赤字消费日益膨胀的原因，难免高抬了官僚体系。官僚系统通过预算案的提出权维系自己的地位和利益，可以想象也可以理解。但财政赤字消费的主导权，最终是掌握在那些总是要通过加大福利预算来取悦选票的政治家手中，这些政治家不过是把凯恩斯主义经济政策拿来做装潢而已。

于是，在所谓民主政治体制下，财政赤字消费的长期化、扩大化很难纠正和克服。因为没有哪一个政治家愿意用自己的落选，来换取国家的繁荣。从这个意义上说，政治家迁就“福利向下刚性”与贿选没有本质的区别。

---

① “双重垄断”理论：假设官僚们试图最大化他们的预算，并在大多数情况下可以成功。官僚有提案的权力，相对于国会拥有资讯上的优势，所以政府预算过于庞大且没有效率几乎无法避免。

政治家和政府总想兼得鱼和熊掌，凯恩斯主义为他们提供了借口和“依据”。但只要时间稍微拉长，财政赤字消费的弊端必然显现，可这时政府和政治家已经无退路可走。

在这方面，集权国家反而表现出更多的调整可能。正因如此，韦伯的“不可以容忍无限政府和官僚制度的扩张”的警告才显得特别重要。

民主的陷阱：赤字国债消费

在凯恩斯主义问世之前，政府10次借债有9次是为了战争，战争成了财富和金钱的碾压机。英法百年战争使英法两国政府负债累累；南北战争让美国政府不得不大量发行的债券催生了华尔街；甲午战争前日本政府发行债券1.5亿日元。

但在那时，不论哪个国家的政府借债之后都会千方百计地尽快还清债务，包括大兴“新政”的罗斯福总统。从来没有哪个国家是靠借债长期支撑政府消费的。凯恩斯的《通论》问世，让政府借钱消费成了家常便饭。60年后的今天，不仅欧债危机让整个欧洲捉襟见肘，美国已经是数次提高国债的上限，日本政府更是让国债余额借成了天文数字，2013年日本GDP只有517万亿日元，而国债余额却多达991万亿日元。

今天，日本全体国民就是2年不吃不喝，也还不清这些国家债务。表面上华丽晦涩、别出心裁的凯恩斯主义经济理论和政策，将几乎所有发达国家的政府拖入了泥潭。而且想悔过自新、脱身而出都难，因为在所谓民族主义的旗帜下，选民和选票决定了：没有哪一届政府在财政破产之前，敢于减少社会福利开支而得罪选票。

表面上，政府用赤字财政增加社会福利支出，是在填平社会贫富差距，但实际上却是在不断挤扁净投资，使收入持续下降，失业进一步增加。最后受牵连最深的，还是那些社会的底层人口。

民主制度具有两面性，一方面民主像哈耶克指出的那样，是限制政府的最好选择；同时，民主又会压迫政府，通过加大社会福利来损害和掏空国家和民众的长远利益。

由于民主选举制度决定的政治家为了选票迁就多数选民的“惰性意识”和“贪欲”，无限扩大政府财政赤字消费，最终导致国家财政破产的现象，我们也许可以称之为“民主的陷阱”。

巴黎经济学院匹克迪（Thomas Piketty）教授，在他的新作《二十一世纪资本论》（*Capital in the Twenty-first Century*）中提出向富人增税等措施，但转了一圈似乎并没有跳出权衡“平等与效率”的古老纠结。通过政府赤字财政消费的社会福利支出增加，来改善贫富差距如果最终会伤及经济增长和就业，这种做法就最终会走到坟墓。

资本所有者的投资收益高于非资本所有者（资本家的收入高于职员或工人），是很自然的事情。否则这个世界上就没有人投资，资本主义的巨钟就会停摆。

过犹不及、不及犹过。问题不在于是否需要通过收入再分配来调剂贫富差异，而在于如何把握其中的“度”。用暴力手段“均贫富”，是人类历史上屡见不鲜的极端途径，不论“黄巾起义”还是“太平天国”，都没能给人类发展进程以建设性贡献。世界上没有绝对的公平，资本主义建立的就是一种以资本为标准的相对公平。追求绝对公平，就是要在本来不公平（如体能、智能的差异）的个体之间，寻求所谓的表面公平。这实际上意味着人为地制造不公平，其结果甚至会妨害人类进化。问题不在于资本主义如何不公平，而在于我们是否能够找到一种比资本主义更具公平、更有效率的制度。

日本的财政赤字消费率从战后初期的25%，提高到如今的约80%。政府债务占政府一般会计支出的比重，从1990年的11%，上升到1995年的28%、2000年的37%和2007年的31%。而其中建设国债（国家投资）占国债发行额的比例却每况愈下，从1985年的48.9%，降到2000年的33.8%、2005年的24.8%和2007年的20.6%。金融风暴前的2007年，日本政府国债余额547万亿日元开始超过GDP，并随后上升到GDP的2倍。

日本最南辕北辙的“国债赤字消费至上”经济政策的典型，就是发放“消费券”。单纯从总量看，消费券总量约1.3万亿日元（每人1万日元、人口1.3亿），这些钱即便全部成为总消费的增量，也不过相当于1995年GDP的0.25%；按照总储蓄率20%计算，不过相当于总消费支出的0.45%。企业只要开动闲置设备的0.5%就完全可以满足这些增量。因此，发放“消费券”对经济萧条期促进投资增长、收入增长几乎是隔靴搔痒，少有增益。

相反，如果将这1.3万亿日元全部用于政府投资，则至少可以换来0.2%以上的GDP增长，同时还可增加65000人就业（按照平均利润率10%、工薪率40%、资本装备率2000万日元/人计算）。

本质上说，新加坡政府的给公民“派红包”政策①，与2009年美

① 2001年亚洲金融风暴后新加坡遭遇30年最严重的经济衰退，政府向国会提出一项达130亿新元（约合人民币650亿元）的经济振兴方案中，包括配股给新加坡民众发行新加坡币27亿元总值的“新新加坡股票”，每股发行面额新币一元，免费配给新加坡公民，资金从多年财政盈余中拨出；2008年全球金融风暴，新加坡政府又决定拨出18亿新元（按人口计摊到每人为400新元，约合人民币2000元）直接派发给国民以提振经济。此外，对现职或曾为国家服务的人员，介于7岁至20岁的孩子都有特殊照顾。2011年，为了帮助国民克服由大宗商品价格和薪资上涨引发的通胀压力，新加坡政府公布财年预算案，推出66亿新元（约合330亿元人民币）的国民福利计划，包含32亿新元的家庭退税和减税项目以及34亿新元的长期社会投资。

国政府推出在全球金融风暴中推出的“劳有所得”（Making Work Pay）退税计划[①]，表面上非常相似，但效果却南辕北辙：新加坡政府是将政府财政盈余中的一部分给国民作为福利，是政府的黑字消费；而美国政府则是通过发放赤字国债来给国民发红包、刺激消费。

因此，这两个国家表面非常相似的刺激消费政策，实施结果会截然相反。美国的政策收效会是负面的，它只会拖累投资和经济增长；而新加坡的政策成效，只会相当于增加政府自己的消费，会对活跃市场起到一些作用，虽然政策收效会远不如政府直接投资。

同理，2008年金融危机中香港也向市民派发了红包，与台湾像日本那样发放“消费券”的性质也就截然不同。香港动用的是财政盈余的400亿港元。此次派红包让政府减少300多亿元收入，额外支出400多亿元，多项减税措施令次年财政转盈为亏，综合赤字70亿元；而台湾发放“消费券”只会增大财政赤字，最终是对国民经济的“釜底抽薪”，相当于拔掉经济增长婴儿嘴里的奶瓶，拖收入增长的后腿。

政府赤字消费，在本质上意味着“增税”或“预支增税”，对萧条期的经济政策而言，基本上可以说是倒行逆施。

政府的赤字财政越庞大，政府在宏观经济政策方面的调整余地就越小，也就越没有钱通过政府投资或鼓励民间投资摆脱经济衰退。眼下的“安倍经济学”就是实证。

政府赤字国债消费，第一，会让国内实体经济投资不断萎缩，慢慢抽干国民经济的造血脊髓；第二，会让国民对不断增大的社会福利产生“依赖性”，就像瘾君子越来越依赖毒品，产生“福利向下刚性”；第

① 这笔退税大约占到全体美国民众全年总收入的6.2%左右。但“退税中近800亿美元变成了永久性的国家债务，仅有不足200亿美元成为消费支出”的这项政策，被哈佛大学经济学家Martin Feldstein评价为“一败涂地”。

三，巨额债务缠身，会让政府失去宏观调控的财源。一旦宏观经济需要政府拿出真金白银像 2008 年全球金融风暴后，中国政府果断地追加 4 万亿人民币投资那样干预时，就会捉襟见肘、动弹不得。

1990 年像一道分水岭，将蒸蒸日上、日新月异的日本经济，与泡沫崩溃后人心惶惶、各奔前程、朝不如夕地慢慢“冬眠”的日本经济一刀两断，形成天壤之别的对照，让人几乎不敢相信这一切发生在同一个国家。泡沫崩溃后的日本，并非在山崩地裂中坍塌，而是像一池静静的湖水在被慢慢地晒干。

东京，路上车辆的速度慢慢放缓，收费站的长龙越来越短；箱崎一直是东京“首都高速道路”有名的瓶颈，现在堵车长龙不再排得那么远；私家用车开始减少，停车场开始闲置。大百货店的销售额在锐减；忘年会的“贷切”（包场）越来越少，人均消费额也越来越低；泡沫时期高价买来的装饰品、摆设品成了跳蚤市场的处理货。很少再有 5 星级以上新的高档饭店像 70、80 年代那样拔地而起，原有的高级宾馆也在慢慢衰老，东京赤坂著名的“王子 HOTEL”、美国大使馆前的“大仓 HOTEL”、八重洲的“帝国 HOTEL”都面临年久失修的窘境。浅草专门祭祀财神的“鹫神社”的草编祭拜物“熊手”的尺寸也越来越小；新年伊始“明治神宫”的祭拜者投下的“赛钱”也越来越少。

那么，除了政府赤字消费，还有什么因素也会拖日本进入“冬眠”呢？

拖垮日本经济的“三大出血口”

日本经济二十年萎靡不振的核心问题，是日本国内净投资的萎缩。泡沫崩溃 20 多年来，将日本经济拖入泥潭的是：“资本外流”、“政府赤字消费”和“金融投机市场”这三大出血口。

在1990—2007年经济泡沫崩溃后的17年中，日本的净投资（总投资减去折旧）增长率，从1960年的24.7%，降到1990年的15.8%，而到2008年居然下降到1.9%，还不到1990年的13%！2008年全球金融风暴后，日本的净投资总额竟然连续3年降为负数。2009年下降90360亿日元；2010年下降73480亿日元；2011年下降54160亿日元。这3年净投资缩水的总和21.8万亿日元，差不多相当于日本之前2006—2008年3年净投资的总和。这意味着2006—2011年的6年间，日本差不多没有任何净投资。

从经济增长的基本原理看，净投资的增长是收入增长的核心要素，没有了净投资的增长，不可能有收入（GDP）的增长。净投资增长模型：e′=I（A+W），即，经济增长率或GDP增长率=净投资增长率×（投资利润率A+投资工薪率W）。以上模型可以通过美国、日本等发达国家的统计数据得到验证。该模型意味着：（1）当企业平均利润率和投资工薪率不变时，GDP增长率等于净投资增长率；（2）当积累率（净投资增长率）和投资工薪率一定时，GDP增长率决定于企业平均利润率。①

净投资就像脊髓，担负着国民经济的造血功能。净投资的不断减少，如同一个国家的脊髓被慢慢吸走。“皮之不存，毛将焉附？”随着“造血”机能的下降，国民收入增量自然也就会不断减少，直至危及生命。日本泡沫崩溃后的一系列的停滞和倒退，均与净投资的锐减紧密相关。

从这个意义上说，日本经济20年来的“萎缩”是人为的，是政府

---

① 郝一生著：《经济危机新论》三联书店2013年版，第260页。

财政赤字消费所为，也是投机资本兴风作浪所为。

第一：资本外流、投资锐减。

日本1990年经济泡沫崩溃后，政府财政支出消费、资本外流和金融投机市场占有更多资金状态的恶化，必然使日本经济进入一种慢性失血，进而“休克”的状态。

日本资本外流的主要原因不外乎，第一，日本国内成本的迅速提高导致利润率骤降，国内投资无利可图，国内相对过剩资本日益增多；第二，海外（如美国）的金融市场投机的利润率大大高于实体经济投资；第三，中国等海外巨大新兴投资市场的出现，成为全球大规模、高回报投资浪潮的末班车。

促使日本国内资本涌向海外，除了发展中国家的廉价劳动力和土地使用费、诱人的中国巨大市场等因素外。2011年4月日本东北里氏7.0级强烈地震摧毁福岛核电站后，地震后的缺电或电价攀高，也成为日本资本外流的一个新的原因。这使得即便在2013年的今天，依然有约40%的日本企业总裁准备移居国外。

于是，泡沫时期纷纷涌到日本投机股市和房地产的外国热钱，接踵撤离日本，日本国内的“绝对过剩资本”也开始向利润率更高的海外转移。在1996—2006年的10年中，日本对海外的直接投资净流出总计约3009亿美元；同时，日本向海外证券流出的资本总额为2144亿美元，两者合计5153亿美元（约50万亿日元）。

第二：金融投机市场规模。

股市与股票几乎同时诞生。发行股票是对实体经济发展起着不可替代作用的重要融资手段。但是，股票发行和股票交易本质上却完全是两码事。股票发行到原始股交割完毕为止属于投资，此后的所有股票交易（包括其他金融衍生品交易）大多都属于一种类赌博。金融交易多数是

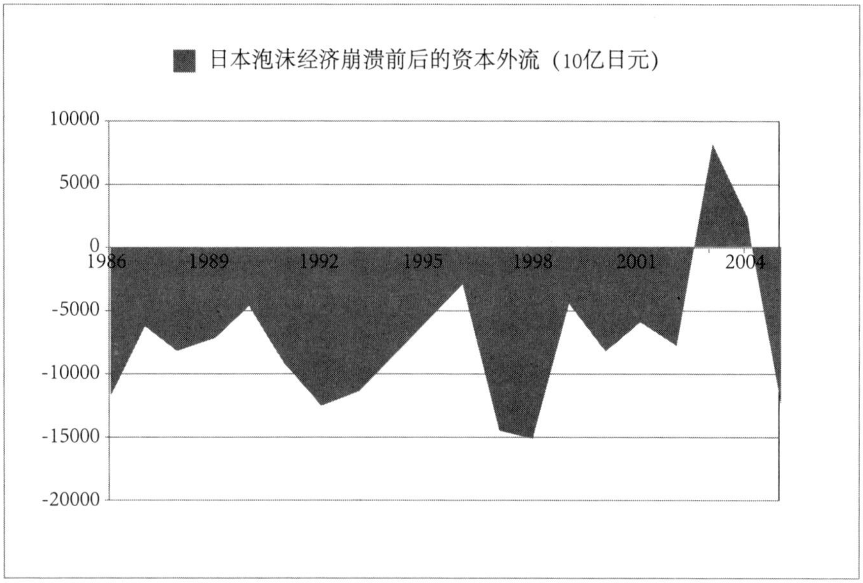

图 5-1 日本泡沫经济崩溃前后的资本外流

（1986—2005 年，10 亿日元）

（数据来源：日本银行国际局《国际收支统计月报国》）

一种零和博弈（全部利润和全部损失之和等于零），它本身并不创造新的价值。金钱进入投资和生产过程属于资本主义，相反进入消费过程和投机过程（如赌博），都不属于资本主义。鉴别的标准，就是看它是否能够创造出新的价值。

包括期货在内的金融衍生产品的交易，所谓规避风险功能，不过是交易各方之间的反向风险互换，或一批人掏钱填补了另外一些人的风险。金融衍生品规避风险的代价，是必须有人支付规避风险中获益的机会成本。

进入金融交易市场的资本，就像进入了一个黑洞，很难再回到实体经济中去，因为在现实实体经济的投资中，很难找到金融市场那样高的利润率。于是，金融市场无论自己如何周转，速度如何，总是有一部分资本会像穿上了红舞鞋，永远留在金融交易市场的舞台上旋转起舞，永无休止。这样，在金融市场为实体经济筹集资金后，总会有另外一笔大于这些投资资金的投机资本，停滞在金融交易市场中。事情的本质，并不像美联储（FED）1984年报告认为的那样：由于金融衍生品可以被抵押，“投资于实体经济的净资本供给不会减少”。金融投机市场所占用的资金，会不折不扣地减少实体经济的净投资。

那么，这笔资金的量有多大呢？1960年至泡沫崩溃前1990年的30年中股票市值增量为597.5万亿，1990年日本股票市场市值607.9万亿日元，这差不多相当于1989年日本全国固定资本净投资64.9万亿日元的9.4倍！

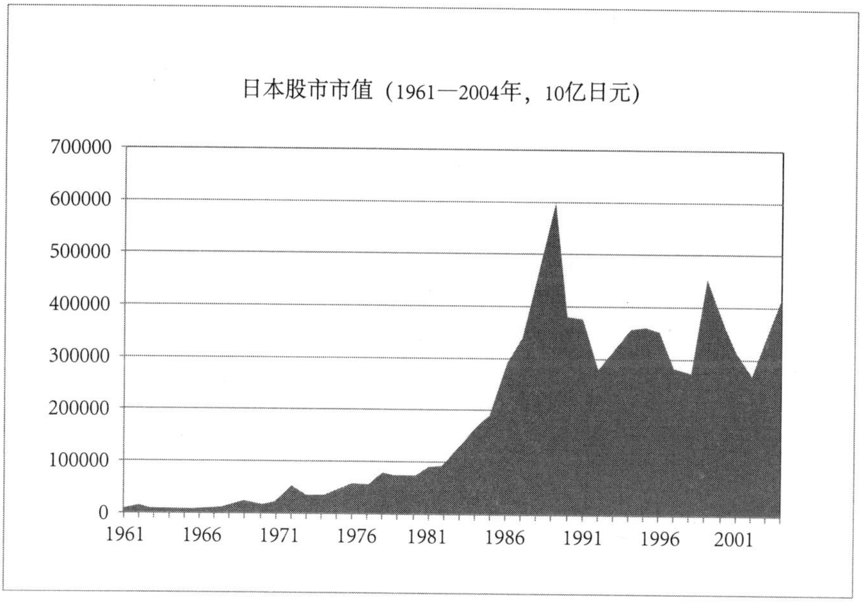

图5-2 日本股市市值

（1961—2004年，10亿日元）

（数据来源：日本总务省统计局，统计数据）

1990年日本股市价格崩盘后，大量资金撤离股市。但从1993年起，不甘寂寞的金融市场又在美国之后，推出了一系列花样繁多的金融衍生品。

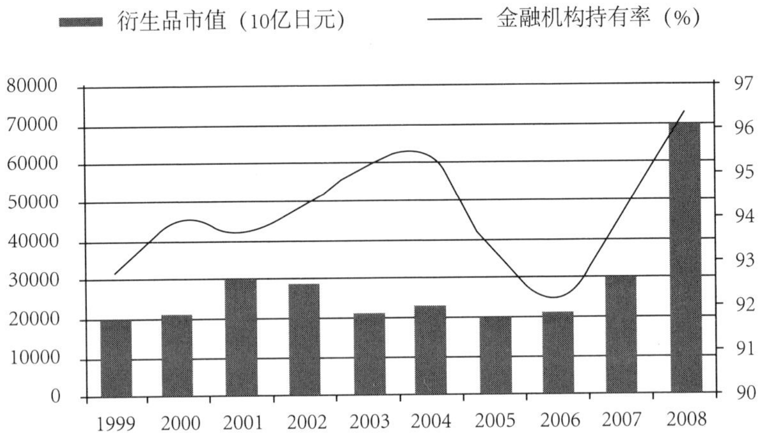

图5-3 金融风暴前日本金融衍生品市值

（1999—2008年，10亿日元）

（数据来源：《日本统计年鉴》总务省统计局编辑、出版，历年）

1999年以后，日本金融衍生品市场的价值大约在20万亿~30万亿日元，未平仓部分约占5%。2008年当年一举攀升到约70万亿日元，一年增长了近3倍。

日本金融机构本身的衍生品持有率一直高达93%~95%（非金融企业和个人的持有率不过5%~6%；美国的该比率大约在80%~85%）。这说明日本衍生品市场不过是金融界自娱自乐的一块自留地。

金融市场上的投机资本，与房地产市场上的投机资本没有任何区别。在金融市场买卖一个金融产品获利（或亏损），与买卖某个房地产从中获利异曲同工。投资与投机的根本差异在于：投资是利用资本在创造新的价值中获利；投机是通过单纯的倒手、炒作，在对手的失算中获利。

美国非金融企业的金融资产率，1984年为27.7%，低于日本的同比例（42.5%）近一半。到日本金融泡沫崩溃后的1990年，美日两国的该比例达到相当接近的水平。此后美国的该比率逐步提高，一直达到2005年的最高点的50.4%。到金融风暴前，日美两国的实体经济企业，已经越来越多地卷入金融市场交易。在全球金融风暴前，这些企业的银行贷款，绝大部分都流入了金融交易投机市场，对实体经济投资的釜底抽薪可想而知。

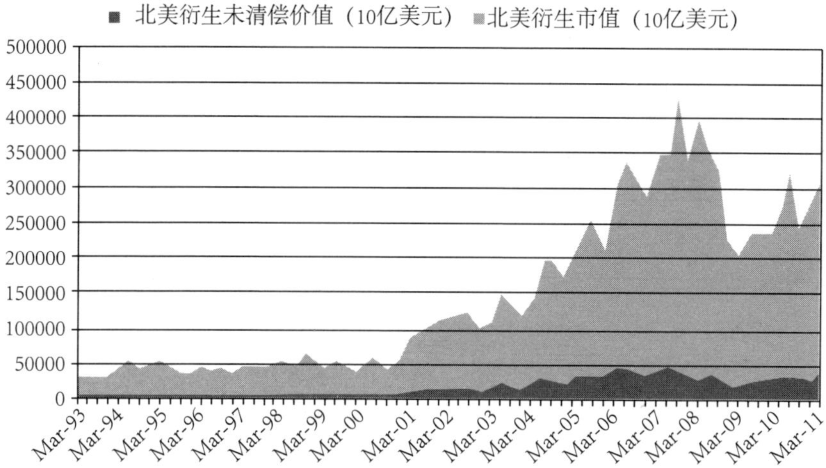

图5-4　北美衍生品未平仓价值

（1993年—2011年，10亿美元）

（数据来源：世界清算银行，统计数据）

第三：赤字国债消费“黑洞”的规模。

当一个“伟大”的经济学家凯恩斯告诉人们：政府借钱消费不仅不会有害，还会对经济增长和收入增加有好处。政府甚至可以通过借钱让失业者挖一个坑后再把它填上，也能增加就业和收入的时候，正愁着没理由借债的各国政府大开借戒。开始，他们还谨小慎微，后来就债多了不愁，越借越多。反正也是用在社会福利，没有中饱私囊。几十年的日积月累下来，债台高筑终于变成了一个个“黑洞”。

全部政府财政赤字消费，意味着国内有效消费需求的等量膨胀。日本的有效消费需求膨胀率［政府赤字消费/（国内民间消费总支出-政府赤字消费）］从1990年的31%，迅速提高到1995年的141%，2000年的618%和2005年的716%。

政府赤字消费的本质，就是从银行拿走本来应该用于投资的钱，在使社会消费总量不断膨胀的同时，使投资等量被萎缩。

一个国家的总收入就像一块比萨饼，总是或消费，或储蓄（储蓄等于投资）地分成两半，区别只是不同时期消费和投资的比例不同而已。但在不同国家的不同历史阶段，储蓄的比例会是一个固定的常量，轻易人为地改变这个比例，或者酿成“拔苗助长”，或者变成“竭泽而渔”。

政府的“赤字消费”不断增大，其结果并不会像凯恩斯经济理论所描绘的那样美好，收入（GDP）增长会与政府财政赤字消费等比例下降，失业也会相应增加。

政府赤字消费多用掉一分钱，国家的总体投资就会减少一分钱。这部分由于政府支出消费占用的钱，与国内总投资的比率，就是“国内投资萎缩率”：政府债务/（国内总投资+政府债务）。

日本的国内投资萎缩率从1990年的64%，提高到1995年的331%、2000年的138%和2005年的177%。标志此15年间政府的赤字消费，使日本的国内投资萎缩了近两倍。

于是，就会形成如下恶性循环：政府赤字消费膨胀→投资萎缩→收入增长放缓→失业增加→税收下降→财政拮据→新一轮政府借债消费→……

日本原本一片光明的经济增长进程，就是在这样的恶性循环中被彻底打乱的。这一过程，在几乎所有政府赤字消费的发达国家都会存在，病重的已经走到了“国债危机”（如南欧国家），美国和日本这样的超级经济大国最终也会重蹈覆辙，无一幸免。

一句话，在“政府赤字消费”、“资本外流”、“金融投机”这三大要素中，对日本的经济增长影响最大的，还是日本政府的财政赤字消费政策。20 年来它断送了日本的收入增长和就业增加，葬送了 150 年来日本蒸蒸日上的经济发展势头。

关键不是政府不能“干预”，也不是赤字国债不好，而是不可以赤字国债消费。就是说，即便政府借了大笔赤字国债，只要政府在经济低迷时期，拿这些钱去投资兴办实体经济（如修港口、为网络通讯提速等），就不会有太大的负面影响。

如在 1929 年大萧条时期的“新政”中，罗斯福的美国政府投资兴建道路、运河等交通设施；或中国政府在 2008 年全球金融风暴后，追加投资 4 万亿人民币加大中国西部开发力度等。只要政府借钱是用于投资，就不会有今天美国、日本或南欧“欧债危机”国家那样的后患。

政府用人民授权给他们的那把“国债”的铁锨，打着“社会福利”之类的旗号，挖了一个大坑，埋葬了本国的收入增长和就业。旁边插有一块墓碑：“凯恩斯主义——政府赤字消费”。

投资流失量 & 投资流失率

“资本外流”、“政府赤字消费”和“金融投机资本”这三个变量的增量集合，构成同期一个国家的“投资流失量”。“投资流失量”与净投资增量的比值，构成“资本流失率”。

日本的“资本外流”、“政府赤字消费”和“金融投机市场”这三大“出血口”所构成的投资流失总量：1980 年为 88.4 万亿日元（下

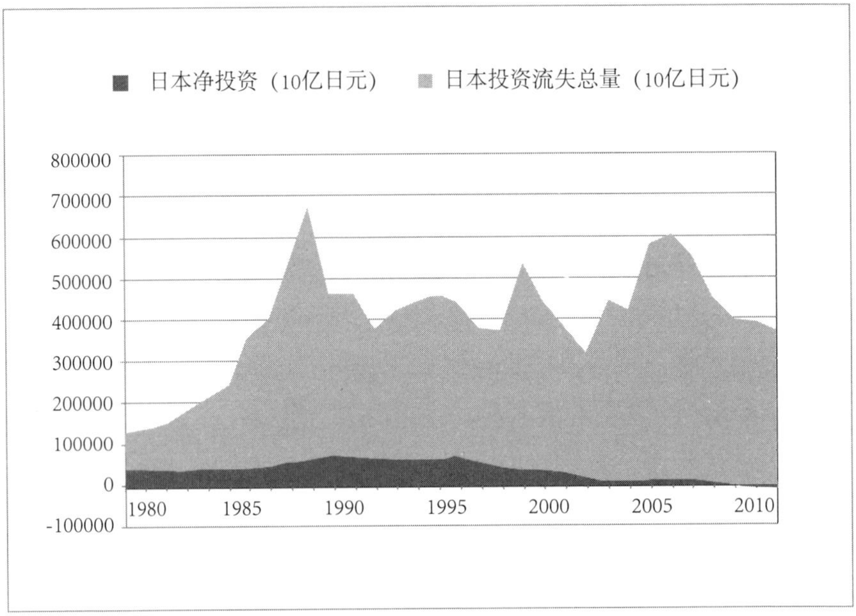

图 5-5　日本“投资流失量”

（1986—2004 年，10 亿日元）

（数据来源：日本总务省统计局）

同），而同年净投资总量仅 43.8 万亿；到 1989 年投资流失量的 619 万亿日元增加了 7 倍，是同期净投资总量 65.0 万亿的 9.5 倍。

10 年后的 1999 年，虽然流失量降到 502.2 万亿，但净投资下降的更惨，只有 37.8 万亿；2008 年全球金融风暴前流失量又猛涨到 810 万亿，净投资总量却已经只剩下微弱的 8.4 万亿；2011 年投资流失量回涨到约 380.5 万亿日元，压迫的净投资已经是负增长的-8.4 万亿日元。

从图 5-5 可以看出，在 1990 年经济泡沫崩溃前，1999 年美国纳斯达克股票价格崩溃前，2008 年全球金融风暴前，日本的资本流失量有过三次突发性增长，均与投机金融市场资本的增加相关。

在 1991 年至 2011 年日本的所谓“失去的 20 年”后，逐渐进入

“冬眠”的25年中，日本投资流失量累计8612.5万亿日元，是同期净投资658.2万亿日元的13.1倍！

根据经济增长模型计算，即便这些投资流失量能够减少50%，也至少可以使日本这20年的GDP多增长165.6%。那意味着，日本这20年中的总收入可以增加758.9万亿日元。期间日本“信贷投资率”（银行贷款总额中实体经济投资的比率）23.5%、基年1991年GDP458.3万亿日元、投资工薪率（投资总额中支付人工报酬所占的比率）60%；企业平均毛利润率15%。这些“流失”的1012.0万亿日元巨额投资，如能进入实体经济，这20年中还可以带来约5059万个新增就业机会（按照资本装备率：2000万日元/人，计算）。

日本净投资：悲剧从这里开始

1990年日本经济泡沫的崩溃，在股票和房地产市场同时出现资产价格的暴跌，连证券交易的日本“第一人”——野村证券公司——也陷入亏损；房地产界的翘首“三菱地所”等也连连失手。经济泡沫的崩溃，首先摧毁的是几乎所有投资人的信心。无利可图的资本纷纷逃离日本，涌向利润率更高的发展中国家，还想继续留在日本投资的人越来越少。

日本净投资（总投资减去折旧）的增长态势，比美国2000年纳斯达克股票崩盘后的情况更糟，几乎可以说是惨不忍睹。

1964年以前，净积累率一直保持在20%左右的高水平的日本，且净积累占总投资的比率从来没有低过60%，折旧在总投资中的比例从

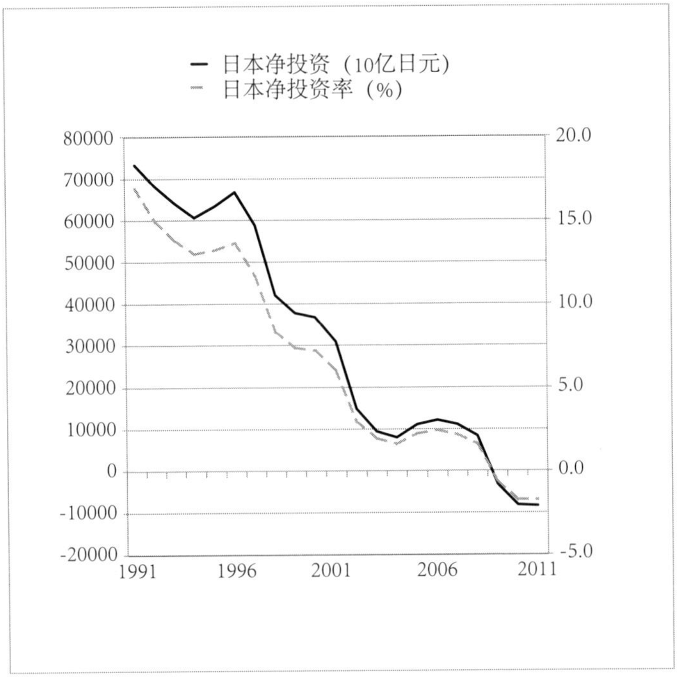

图 5-6 日本净投资总额 & 净投资率

（1990—2011 年，10 亿日元，%）

（数据来源：《日本统计年鉴》①）

未高过 40%。历史上的该比率分别为：1930 年 53.3%、1940 年 73.3%、1950 年 79.5%、1960 年 72.6%、1964 年 64.8%。如今，当年在全世界面前展现储蓄大国风采的日本已没有了昨日神采。1940 年净投资增长率 16.5%；1950 年 18.6%；1960 年 24.7%；1964 年 21.8%；很少有低于 15% 的年度。在 1990 年还保持着 15.8% 较高水平日本的投资净增长率，到 5 年后的 1995 年就迅速下降到 9.9%；2000 年进一步降为 5.5%；此后进一步跌到 2003 年的 2.1%；2008 年甚至低到了

① 日本总务省统计局（日本总务厅统计局）编：《日本统计年鉴》，1968—2012 年相关统计数据整理。

1.9%，全球金融风暴后，甚至连续3年跌为负数！

虽然金德尔伯格等人还是按照传统理论，把日本经济的萎靡不振归结为“过度投资导致了全社会的生产过剩，超过了市场需求[①]”，但日本的现实却是：生产并没有过剩，投资却在不断下降。

巧妇难为无米之炊。日本净固定资本总额和净投资率的迅速下降，是日本经济长期不振的最终原因。日本净投资的变化图，就是一只日本经济的晴雨表。是日本净投资的疯狂下滑，造就了日本经济这20年来的停滞。

目前日本面临的几乎所有问题：人均国民收入倒退、就业艰难、劳动生产率下降、市场和消费萎靡不振等，其最终原因莫过于此。

不仅是日本，几乎所有经济起飞阶段国家经济的较快增长，都是靠较高的积累和储蓄率。在1994—2007年的13年，印度的总固定资本形成（积累率）从1997年的23.3%一路上升到2004年的27.5%和2007年的33.9%；巴西1994年为18.5%，2000年16.8%，2007年为17.5%。同期中国的该比例更高达：1994年的34.5%，1997年的31.8%，2004年的40.6%和2012年的52.0%。

---

① ［美］查尔斯·P. 金德尔伯格；罗伯特·Z. 阿利伯著：《疯狂、恐慌和崩溃》，中国金融出版社2011年版，第161页。

第六章　泡沫崩溃让日本失去了什么？

投资被减少造成的慢性失血，会给一个国家的经济带来什么呢？

设备陈旧、技术停滞

东京蒲田的一位小企业的社长，以前即便到了周末也会因为要加班赶工，而时常不能参加自己最喜欢的“碁友会”（小围棋俱乐部），而现在时间有了，心思却怎么也没在棋上，想到自己快要倒闭的公司和跟随他几十年的老职员，以及他们的家属今后的柴米油盐，他虽面对棋盘，眼神却许久凝思窗外，旁若无人。

130 年来日本经济增长和繁荣强大，靠的是常年投资背景下的技术进步。而在经济泡沫崩溃后的 20 多年中，日本的技术进步和劳动生产率提高，基本处于停滞状态。日本 2011 年的劳动生产率=人均 GDP 370 万日元，仅相当于 1992 年水平 372.6 万日元的水平，这意味着在这 20 年中劳动生产率几乎没怎么提高，甚至还有下降[①]。

泡沫崩溃后的日本实体生产企业，总的说是维持现状。已经设备陈

① 1992—2011 年的 20 年中，日本的 GDP 增量累计仅增加了约 3.7%，比 1992 年的 464.2 万亿日元仅增加 17.4 万亿日元。参见图 4-2。

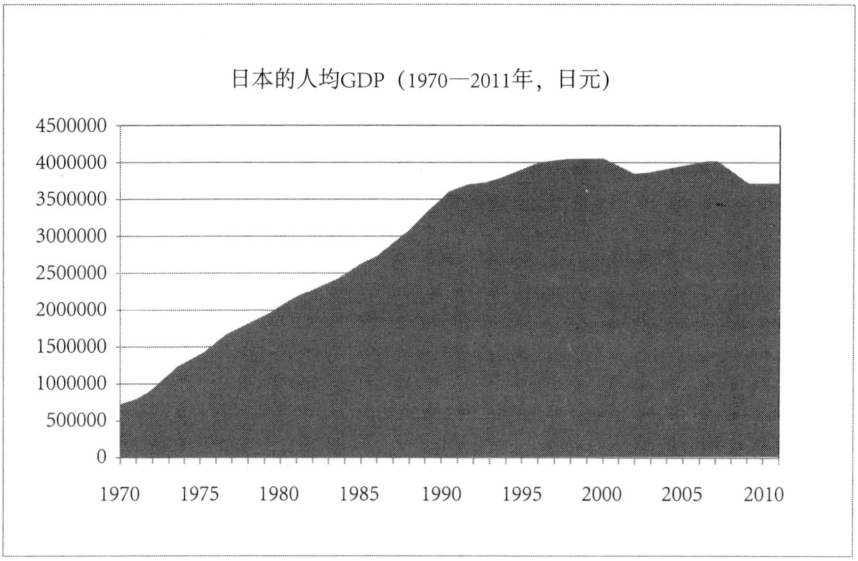

图6-1　日本的劳动生产率

（1970—2011年，人均GDP，日元）

（数据来源：日本总务省统计局）

旧的中小企业更是勉强维持，撑一天是一天。一些订单不足的工厂，不得不将独一无二且技术精湛的“模具”、“程控精密加工机床”等设备，廉价忍痛卖给中国或其他东南亚国家企业，研发和新产品开发部门也随着订单转到生产国。于是，日本总部的技术力量虽然表面上和以前没有什么两样，可尖端或关键技术的突破和决策，会越来越脱离市场，甚至成为“两张皮”。这就使20世纪90年代以后，日本电器产品当年席卷全球的不可阻挡之势没有了后劲。

就连苹果公司总裁乔布斯最崇拜的电子企业，世界最早便携式数码产品开创者、视听、电子游戏、通讯产品和信息技术等领域的先导者的日本索尼公司（Sony Corporation），现任CEO平井一夫自2013年上台以来，一直在为扭亏为盈奔波。先后采取了减员、减少开支、卖掉了

PC业务、拆分电视部门等措施。日前又在东京成立了房地产部门，目标是计划在三年内将该业务上市，五年内实现500亿日元的年销售额。不免给外人“慌不择路”的感觉。难怪欧美人诧异：当年势不可当的日本电器，这两年怎么销声匿迹了？

1959年东京“首都高速道路”建设之初，许愿50年后成为免费高速，可到了2009年前后不仅没有免费，收费反而从600日元提高到了750日元。而且，当年造价相当于用1万日元纸币的长度连接起来的高速公路，如今庞大的维护、翻新、重建费用，几乎没有着落。

福岛核电站地震后，造成如此巨大的核污染的一个重要原因，是那些机组已经是40多年高龄的老旧设备，“东电”公司囧于公司财力，屡屡没能更新。游弋在墨田川上的游艇，几乎还是30年前的那么几艘，偶尔有几条新的，船的长度也只有以前游艇的一半。

随着投资的萎缩，日本从2005年前后人均GDP开始出现负增长，这至少在理论上意味着一个国家劳动生产率的倒退。

市场萎缩、物价缓降

1989年以前的日本，人们已经习惯了，物价随着收入的增长一直在缓慢上升；在泡沫崩溃后收入缓慢下降的过程中，物价反而在下降。物价停滞的背后，是收入的停滞。现在日本超市上所能看到的商品价格，会基本上和20年前没有什么区别，有些还在中国制造等廉价商品的冲击下还有所下降。

今天，东京的很多物价比上海、北京还低。例如日本的廉价商品“100日元店”，按照今天的汇率每件商品只有6.1人民币，而中国“10元店”的商品档次和水平还不如日本。

越来越多的日本主妇不再光顾价格不菲，但商品优质、包装考究的“百货店”；年末、年中的“谢礼”的总量在萎缩，单价变得更便宜；住宅的造价也越来越低，你能在城市看到的比较“豪华”的住宅楼，大多是20年前泡沫时代的建筑。人口高龄化的过程中，高龄者在增加，而养老院却没有增加的那么快，新建的养老院也越来越“简易”；甚至连墓地的价格都在下降。

年轻人结不起婚的，同居者越来越多，于是出生率一直在下降（日本人口自然增长率从2005年以后进入负增长，2011年=-1.6%）；由于人们买不起房，泡沫时期不可想象的“分租或合租”住房的形式开始流行。

高尔夫球场的使用料金越来越便宜，球场因没钱装修依然保持着20世纪90年代的模样。为了维持生存，球场不得不允许非会员也可以随时来会员制球场打球，让老会员们怨声载道。今天，年轻人光顾高尔夫的寥寥无几，在日本球场打球的依然是泡沫时代的那些老客人。球场经理人坐在前台，看着球场和客人一起变老。

奢华愈少、节俭日多

泡沫时期哪里东西好，即便价格高一点也会趋之若鹜的日本人开始掉头，哪里东西便宜到哪购物。东京大手町的百年老店“白木屋”（东急百货店）终于落下帷幕，最后一天闭店处理商品的销售额达到10亿日元，CEO感叹如果每天有这样的业绩也就不会破产了。北海道的“夕张商店街”几乎变成了无人光顾的“鬼街”；进入2013年，银座著名的“松阪屋”开始了连续数月的“闭店大处理”。

泡沫时期，办公楼的一个管灯坏了，整个楼的所有灯管都会一起更换。现在为了减少成本和节电，两个灯管的照明会关掉其中一个；泡沫崩溃后最早陷入经营困难之一的是家具店，以前频繁地更新家具的时代，换下来的旧家具、沙发堆积如山，每天都要砸成废木块去做燃料。而如今家具店纷纷把一半店面改为生活超市或“百元店”，有的甚至不得不申请倒闭或彻底改行。

泡沫时代，大街小巷的垃圾回收点，每天会堆满丢弃的还可以使用的家电和家具，这在全世界几乎成了一大奇观。以至于将这些日本人丢弃的旧家电，成了在日中国人的生财之道。大宫的一位中国留学生C先生，租下一个泡沫时期2200m^2的大厂房，每周向东南亚国家发货5个40英尺集装箱还供不应求。

今天，随着人们钱包的羞涩，新家电的销售在萎缩，以致小家电商店很难为继，纷纷转行。街上的旧车越来越多，大都市中有车族的比例在下降，以致许多停车场相继关闭，新建楼盘的停车位在慢慢减少。一些住宅楼原有的车位租不出去，反倒是将这些空闲车位转为日常公共停车位变成了商机。

原来每月做一次“清扫”的公司，在逐渐拉开清扫时间的间隔；保险公司也在不断更新低端“廉价保险”的价格下限；东京锦系町车站前鳞次栉比的“风俗店”（色情店）一条街，在泡沫崩溃后的20年中一个接一个关门，今天差不多绝迹了。

泡沫时期，人们手中的钱绝不吝惜拿来“赌马”、“赌赛车”、“赌赛艇”，到泡沫崩溃后东京“大井竞马场”的双层停车场，周末成了“跳蚤市场”的定期会场，买旧货的人远远超过赌马的人群。

失业增加、人才外流

一些有技术、有实力的中小企业的破产，以及不景气行业的实体企业提前让员工退休，使大量日本的技术人员和管理人才失去了生计，许多人不得不转到中国、东南亚的一些国家自谋生路。在日本的海外公司退职后，留在国外继续工作，以供养日本国内的家庭和偿还房贷的“职员”，越来越多。

公司裁员的增加，使许多本来不该退休的人失去了工作；公司无偿加班实际上也是在降低实际工资待遇，增加隐形失业。但大家都在忍耐，因为有工作就不错了。一些公园的长椅上，坐着那些失业后不敢回家，在那里无奈地消磨时光的公司职员。

在日本，领取失业保险的上限约 12 个月，此后才是真正让人心急如焚岁月的开始。在高速增长时期曾经迎来“集团就职”（整村的青年一起去某公司就业）人潮的标志性建筑“上野车站”，如今周围徘徊着寻找工作的人群。投资不振不仅让人们的收入增长减缓，而且也使失业不断增加。

如果，日本能够保持 1990 年净投资率 15.8% 水平，1990—2008 年的 18 年间的净投资总量，将比目前这 18 年间的 713.6 万亿日元多出一倍，增加约 784.3 万亿日元。就是说，这 18 年中日本大约减少了 3920 万个职位，平均每年减少 218 万人就业。

今天，世界比以往任何时候都更为关注失业。2013 年 8 月澳大利亚失业率上升至 5.8%，创四年新高；英国 4 季度失业率 7.8%；希腊和西班牙失业率竟然高达 27.6% 和 26.3%，几乎创了人类历史上的最高值；加拿大 3 月份就业人数再减少 5.45 万，致失业率上升 0.2% 达到 7.2%。中国 2012 年城镇人口失业率为 4.4% ~9.2%。国际劳工组织 3 日在日内瓦发布年度报告《2013 全球工作报告：修复经济与社会架构》称：全球失业人数 2015 年将增至 2.08 亿。

今天，许多国家经济政策的目标不仅是 GDP（收入）增长多少，还包括失业率降低到多少。如日前美联储的政策目标就是收益率降到6.5%以下。根据世界银行的估计，到2020年全球需要创造6亿就业机会，才能够跟上人口的增长。

凯恩斯主义失业像一个幽灵，挥之不去、欲盖弥彰。80年后的今天，明里暗里实施凯恩斯主义经济政策，政府肆无忌惮地借钱消费的那些国家，不仅就业没有改善，失业人口的绝对量反而在增加。

今天，凯恩斯主义让几乎所有发达国家都债台高筑。美国政府的赤字财政不断攀升并一再撞线，甚至到了联邦政府几次关张停摆程度的今天，随之而来的却是“失业率”的居高不下。特别是2008年全球金融风暴之后，美国的失业率从危机前的约4.5%骤升了近一倍，最高时超过了10%，此后也一直在8%左右持续徘徊。

以致经济学家为此惊诧不已：即便1929年的有史以来最为严重的大萧条之后，各项经济指标也在大约6年后恢复到了危机前水平，而2008年金融风暴后美国的“恐慌性需求萎缩”只是持续了3个季度(2008年9月至2009年6月)，怎么失业率却几年也不得改善?

日本的情况几乎和美国相似，1980年以后的28年中由于政府赤字消费日益增长造成的“凯恩斯主义失业”，理论上至少会减少1024万个就业机会，这相当于1980年日本5650万就业人口的18.1%。按照日本政府财政赤字余额900万亿日元，日本国内信贷总额1239万亿日元，国内投资总额291万亿日元，信贷投资率（信贷总额中实体经济投资的比率）23.5%，同时政府消费率90%，投资就业率（资本装备率）2000万日元/人计算，1980—2008的28年中，日本政府债务余额增加了769万亿日元，加上同期地方政府债务约190万亿日元，政府债务总计959万亿日元（相当于1990年日本GDP的GDP410万亿日元的2.33倍）。

从实际就业人口的增减看，日本泡沫经济崩溃后的1992—2010年的18年中，日本的就业人口净减少112万人。其中，1998—2003年的6年中，日本就业人口连续以每年16万人以上的速度持续减少，就业岗位总计在这6年中消失了241万个，相当于1998年6514就业人口的3.7%。

日本从1990年泡沫经济崩溃后，1994年以后由于国内净投资的不断萎缩经济增速开始出现下滑，1998年以后就业人口一直在净减少，1998—2012年的14年中就业人口总数下降了580万人。相当于1998年6514万就业人口的约9%。按照3口之家（1995＝2.82人/户）计算，约有1700万人因失业失去生活来源。

于是，日本的求职人数和就业岗位的竞争不断白热化，1个公务员的岗位甚至有1600人竞争上岗，“职安所”前领取表格的人排成长龙。此情此景与30年前经济高速增长时代、上野车站前“集团就职”（整个村子的年轻人一起进入某企业就职工作）的年轻人前拥后簇的景象判若两个国家。

今天，许多身怀一技之长的日本技术工人、技师和企管人员，不得不纷纷跑到中国和东南亚国家寻求就业、养家糊口。

政府财政赤字消费表面上会一时性“刺激内需”，增加社会购买和需求，为市场升温，造成表面的景气热络。其实，这种由政府赤字消费焙烧的“景气”不过是海市蜃楼，它对就业改善的作用微乎其微。道理很简单：政府财政赤字消费所增加的所谓“内需”的绝大部分，会被社会闲置的生产能力一瞬间消化。只要那些本来一直闲置中的生产设备稍微多开动一会，这些增加的需求（订单）马上就会被满足，基本上不用增加新的设备投资。没有新增投资，就业怎么会增加呢？美国战后60年来的设备闲置率平均约15%。即，总是会有约15%的生产能力处于闲置状态。有效需求（订单）一旦瞬间增加，这些处于闲置状态的设备能力就会被启动，相关人员工作时间的工作量稍微饱和一点，就可以满足这些需求。结果，政府赤字消费所带来的需求，对新增投资，进而对就业总量而言，可以说没有效果。

图6-2 日本青年求职

（图为日本青年在求职网站查找就业机会。①）

财政拮据、国力衰退

泡沫崩溃后，一党执政40多年的自民党，第一次不得不将首相宝座拱手让给把握关键少数的社民党党首村山。选民对经济政策的不满，导致日本成为首相更迭最频繁的国家。政治家竞选时的“许愿”层层加码，使政府的福利开支越来越庞大，而且几乎是完全的“向下刚性”。公务员有增无减，有事没事也坐在办公桌前“泡钟点”。政府投资却在不断压缩，过去政府参与投资的许多地方、机场连年赤字，二线城市开辟的廉价航线票价比坐高铁还

① 内文图片来源：CFP /Getty Images。

便宜，可依然无人问津。

表面上，失业增加是市场的事情，但在今天凯恩斯主义经济政策成为主导的时代，怂恿和放纵政府财政赤字消费，却使失业增加的是政府，也是民主政体本身。因此，凯恩斯主义失业本身就是一个政治问题。

无米之炊的“安倍经济学”

中国奇迹给了全世界紧张感，美国总统奥巴马大声疾呼要“重振美国制造业”；俄国于2014年7月11日通过经济现代化方案，创立工业发展基金、鼓励投资、扶植中小企业、保证劳动力的自由流动，加速提高劳动生产率；日本的安倍首相也打出了“安倍经济学”。

安倍的“日本再兴战略”，核心是通过“大胆的金融政策”（释放流动性）和“机动的财政政策”（投资减税），摆脱“通缩”（物价下跌）、恢复企业和国民的自信，让日本经济实现“再兴”。10年内GDP年增长率达到3%（实际年增长率2%）。

安倍的经济政策主张，至少比凯恩斯主义的政府赤字消费政策来得积极。如果仅从强调民间投资和产业结构，朝背离“凯恩斯主义经济政策”的方向转变来看，安倍经济学值得肯定。

但安倍同样面临庞大赤字财政的威胁，要朝财政“健全”的方向走，就必须大幅度削减财政赤字，这意味着持续、长期、大量压缩政府开支。那样，安倍政府不仅没有更多的钱直接投资，更没有钱像中国政府那样减免中小企业的赋税，也没有钱资助民间企业投资的增长。

所以，安倍经济学属于“无米之炊”。

消费税增收3%会怎么样呢？首先，增税本身就是与投资增长180

度的背道而驰，没有哪一个国家政府靠增税来刺激经济增长的。同时，如果增收上来的税全部用于政府投资还另当别论，目前日本政府的增税依然是去填补财政赤字消费的窟窿（1 万亿日元的消费税增收还不够偿还现有国债余额的利息），虽然可以暂时改变目前95 万亿财政支出中的借贷比例，但从长期看增税只会加速日本经济的恶化。

安倍为日本经济画了一个“比萨大饼”，这个饼十分诱人，可惜的是安倍却没有做这个饼的“面”。很显然，至少目前日本政府绝无财力，不可能像中国政府那样，暂免月销售额 2 万人民币以下的 600 万家小微企业的增值税和营业税。

国家欠了天文数字的债，本身没有钱，还要削减赤字、健全财政，安倍出路何在？剩下的只能依靠货币政策——通过释放流动性（像政府定量连续购入国债）——来增加货币供给。仅就释放流动性而言，安倍经济学不过是一种变相的“货币主义”。问题是，单纯的释放流动性（货币量）的政策，是否可能奏效很值得怀疑。

迄今为止，还没有哪一个国家是靠简单投放货币量等“货币主义政策”就轻易实现经济增长，并取得成功的。即便在美国，实际上“货币主义”的经济政策也并没有被真正的实施过。稍微有一点经济学常识的人都会理解，超额增加货币供应量，也许能在短期内提升物价，推起市场热度，但很快这种通货膨胀就会在 CPI 的上涨中被抵消。

物价下降只是表象，投资减少带来的收入下降才是本质。

1929 大萧条时，美国罗斯福总统头脑就十分清醒，在别人写信建议他，通过大规模扩张货币量来对抗大萧条时，罗斯福在该信的页边上批注到：“这也未免太简单了吧？”

货币主义不可能拯救经济危机和经济萧条，否则今天欧洲就不会有什么“债务危机”；1948 年倒台前夕的中国国民政府，也早就没什么烦恼了。

20世纪90年代以来的20多年，是泡沫崩溃后日本经济走下坡路的20年，其病根还不仅是经济泡沫崩溃对国民经济的直接打击和震荡，而是日本政府莫名其妙的“刺激内需”和“赤字消费”等背道而驰的宏观经济政策，导致了日本国内投资的日益萎缩，加上此后日本的资本外流和金融衍生品等金融投机所致。

银行信贷投资率（信贷投资率=资本形成/银行贷款）反映流动资本所占的比例，可从侧面反映整体经济效率。同时，该比率也从侧面反映投机资本的活跃度。因此，银行信贷投资率越高，国民经济越年轻、越健康。中国改革开放初期的1980年，信贷投资率高达65.7%，股票市场开始形成的1993年降到43.5%，中国股价熊市前2006年的32.3%，之后一直维持在这个水平。

日本的信贷投资率一直很低，1980年11.3%，股票市场疯狂的1989年9.8%、2012年11.2%；美国的该信贷投资率1980年19.8%大约比日本同期高一倍，纳斯达克股价崩盘前的2000年降到11.4%、2012年8.3%，与日本越来越接近。

日本没有一个脱胎换骨的财政变革，不彻底摒弃“凯恩斯主义经济政策”，转向杜绝政府赤字消费，鼓励国内投资，没有一个通过几十年的忍耐和含辛茹苦，还清过去几十年的政府欠账，洗心革面、重新立国，日本不仅会失去过去的20年，还将失去永远。

日本经济是否能够摆脱今天的困境，要是我在日本政府手中，但是财政赤字消费并不仅仅是一个经济问题，而是一个政治问题，因此并非一种单纯的经济理论和经济政策的讨论可以解决。

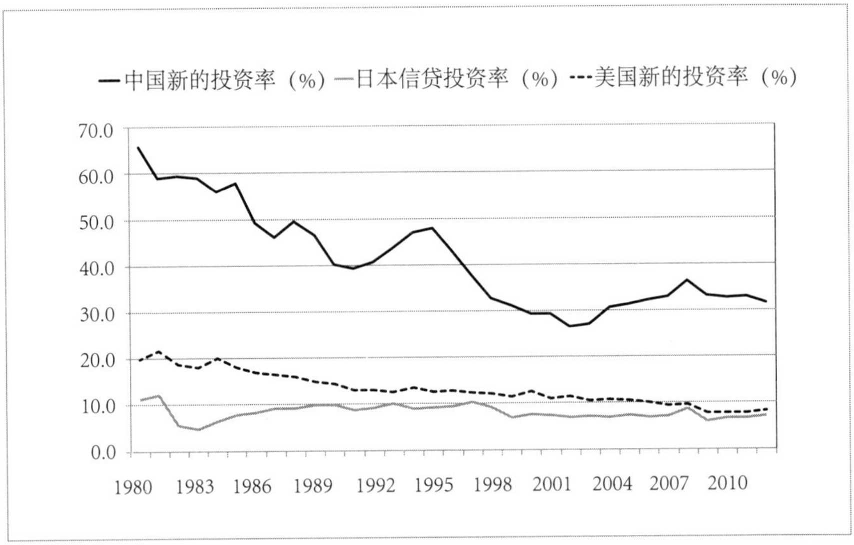

图6-3　美、日、中“信贷投资率”比较

（1980—2012年，%）

（数据来源：世界银行相关统计数据）

财富的拖累

如果仅看总固定资本投资，日本在1980—2012年的32年中固定资本形成总量28.3万亿美元，比中国同期总固定资本形成的24.9万亿美元，还多13.7%。但是，奥秘被掩盖在了总投资的背后，扣除折旧之后的净投资，仅剩下19.4万亿美元。1980—2012年总折旧多达约2542万亿日元，相当于同期日本国内总投资3763万亿日元的68.0%。其中1980年总折旧仅31.6万亿，到1990年增加到63.9万亿增加了一倍，2000年97.8万亿再增加一半，在连续3年净投资负增长后的2012年依然高达103.8万亿日元。很难想到，总投资并不落后于中国的日本，却会被自己昔日财富的折旧所拖垮。

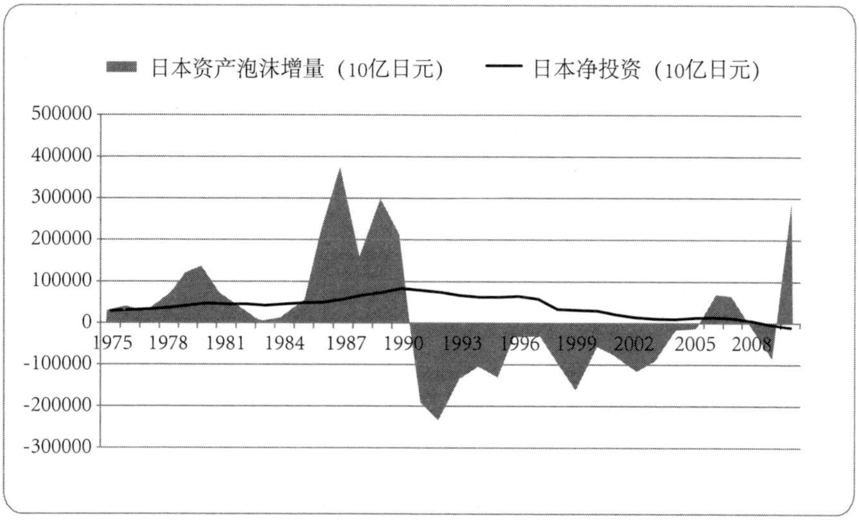

图6-4　日本净投资与经济泡沫存量

（1975—2010年，10亿日元）

（统计数据来源：《日本统计年鉴》日本总务省统计数据）

那么，美国的情况怎么样呢？美国1980—2012年的总资本形成62.3万亿美元，是中国同期资本形成总量的2.5倍，但这些新的资本形成，一下子就淹没在了同样庞大的资本折旧中。

“大有大的难处”，庞大现有资产的维系和折旧，就好比毛驴驮棉花趟水过河——棉包（吸水后）越走越重。这不仅对日本，而且几乎是所有发达国家必然面临的课题。

同样的疑问：1990年以后日本经济一步步落入“冬眠”状态，其背后是不是也有“应激压强”的影子呢？

昔人已乘黄鹤去

战后，站在一片焦土上的每一个日本人，都清楚自己又一次站在了从零开始的跑道的起点。

在当年的美军基地附近，从美国大兵手里抢到的那块巧克力的味道，已经成为那些在战争中幸存的孩子们舌尖上终生难忘的记忆。饥饿的浪潮席卷当时的几乎所有城市，自由市场上只能物物交换——拿土豆和鸡蛋换大米，乘着“下乡抢购电车”（買い出し電車）到农村买回来的食品，会因违反“经济统制”的规定而被没收。

为了不让孩子饿死，许多人把子女送到了乡下（根据大藏省 1946 年的调查，当时日本男子的能量摄入只够正常标准的一半），陪美国大兵过夜能换来几个大米饭团是让人羡慕的收入。

战前财阀的大家闺秀，也在战后解散财阀，没收全部财产后，不得不靠开“旧衣店”糊口；无家可归的战争孤儿，不愿忍受孤儿院性虐待而逃离孤儿院的流浪儿童，三三两两地躺倒在街边，第二天变成了僵硬的尸体。

占领军（GHQ）司令麦克阿瑟，在当时给美国政府的一封电报中的最后一句话是：运粮食来，或者运子弹来！此后美国每天向日本提供 100 万美元，6000 吨大米。

在战争中一败涂地，几乎失去了一切的日本人，重新站立起来并成为第二经济大国，靠的是战后的高积累和高投资，靠的是没日没夜地加班工作，靠的是每顿碗里的米饭上没有蔬菜和鱼肉，只有一颗酸梅。就连每天早上见面后的第一句问候，也从“早上好”，改成了“加油”。

这就是战后日本经济高速增长背后的“应激压强”。

三十年河东，三十年河西。1990 年经济泡沫崩溃后，日本人的生存压力发生了彻底蜕变，人均 4 万美金的 GDP 收入，让日本人的背上不再有战后初期那样的生存危机感。

“3K”（辛苦、危险、肮脏）之类较差的工作没人再问津；许多年

图6-5　“我 们 饿！”

（图片来源：日本《每日新闻》社）

青一代的经营者，不愿意像老一辈那样拼命工作，更不敢承担风险，在墨守成规、坐享其成中错失了许多宝贵的机会；一些大企业的经营者，几乎成了类似国营企业的高管，官僚主义作风、循规蹈矩、拖拉敷衍、效率低下等在企业中滋生；继承税的高居不下，让一些像《哈利波特》的日语译者那样的高收入者纷纷逃离日本，移居瑞士或香港；那些有抱负、有能力的年轻人，开始考虑到海外创业，寻觅和追求更自由、更有生机、更广阔的发展空间……

长此以往，日本经济怎么能不进入“冬眠”？

中国的经济“奇迹”和日本经济的“冬眠”，东亚在120年后的今天，上演了第二次日出日落。

这一次，是当年日薄西山的中国拔地而起、蒸蒸日上，势不可当；而日本这20年里收入增长一直在原地踏步，有些行业的工资甚至今不如昔。这20多年中，东京的主要建筑除了折旧翻新，市容甚至没有什么太大变化，一些中小城市甚至出现退化。

自山之石，也可攻玉。重新审视历史背后的这些“逻辑”，会让过去的许多左右固定价值判断的那些“规律”和已经固化在我们内心深处的许多“定论”，突然变得陌生起来。这也许正是凤凰涅槃的开始。一旦冻土融化、水落石出，那些普通的河床流石，也许会变成一块块奠基未来的“和田美玉”。

要点回顾

至此，我们也许可以重新审视人类近代史上的一些重大事件，及其背后的因果关系。让那些尘封的历史，以及对曾经左右我们“感觉”的传统观念和价值判断，有一些新的感觉。

⊙ 中国甲午战败的根本原因，是战前中国与日本在工业化投资规模上 11 倍的巨大落差。

⊙ 近代中日间工业化投资规模的差距背后，是中国 1843 年被迫开埠通商后受到的“应激压强”过弱，仅相当于日本的 1/23.4。

⊙ 从“中央强权”转为“中央弱权”，是晚清衰弱的要因之一。

⊙ 清末超低税率导致的“两头穷、中间富”，使清廷成为“超穷政府”，对近代中国的百年积弱影响颇深。

⊙ 清末超低税率的背后，是中国官僚阶层与地主阶级割不断的脐带关系。

⊙ 近代中国庞大的金字塔型官僚管理体系，是由超级人口大国的基因决定，别无选择。大国烹小鲜，需用大器。

⊙ 官吏的“收礼合法化”，是清末国家税收日益枯竭的另一重要原因。

⊙ “科举制度”与中国近代落伍基本无关。

⊙ 北洋水师全军覆没，不是因为慈禧太后拿走 200 万两修颐和园。

⊙ 甲午战前日本舰队并没有装备“下濑炸药”，因此北洋水师黄海海战失利与“下濑炸药”的威力无关。

⊙ 作为“明治维新”前奏的“尊王攘夷”，是一次反动军事政变；明治维新之所以成功是武士阶层政变后，迅速从“尊王攘夷”转向“尊王仿夷”。军国主义的前提是军人实际掌控政权。

⊙ “君主立宪”与“立宪君主”的区别，在于君主和议会的主从关系。

⊙后发国家经济腾飞的“三驾马车”：“中央强权”+“市场经济”+“高度积累”。

⊙ 支撑中国30年来经济持续高速增长的是高投资、高积累下的“重投资主义”。

⊙ 巨大“相对贫困”导致国民经济走到了“崩溃的边缘”所形成的巨大生存压力，是“中国奇迹”背后的原始动能。

⊙ 制度变革是经济崛起的重要制约，但并非唯一要素。制度变革的影响是有限的。

⊙ 日本1990年的泡沫经济崩溃，只导致了一次金融危机，并没有酿成经济危机。

⊙ 泡沫经济崩溃以来，日本经济持续20多年萎靡不振、慢慢陷入“冬眠”状态的首要原因，是不断膨胀的政府“赤字国债”消费导致的国内净投资萎缩。

⊙ 人均国民收入达到4万美元以上后，日本社会的生存压力大大减弱，导致了国民拼搏精神的衰减。

⊙ 发放“消费券”是对抗经济衰退的倒行逆施。

⊙ 政府赤字国债消费，不仅是一个经济问题，更多是一个政治问题。

⊙ “政府干预”的核心使命，应当是扼制经济泡沫、杜绝经济危机。

⊙ 安倍经济学属于“无米之炊”。

⊙ “资本自由化”对后发国家有相当风险，对应不当会有灭顶之灾。

⊙ 英国工业革命爆发的始因，是印度印花布大量涌入给英国毛纺织业带来的，持续80年的生存危机所催生的“应激突变”。

⊙ 资本主义萌芽、手工工场和行会的发展、重商主义、民主政体等、迄今为止一般被看成是英国工业革命土壤者，大多都曾经是阻碍英国工业革命爆发的桎梏。

⊙ 人类近代史上，发生过4次重大的“应激突变”：“英国工业革命”、“美洲新大陆移民”、“日本明治维新”和“中国改革开放”。

跋

搁笔时才发现，这本书与动笔时的初衷已相去甚远。原本只想从经济规律的角度，对中国近代史上的一些几乎无解的难题，发表些自己的感受，如从中日两国投资总量的极大差异，来解释国力较量的差异及其结果，直面中国近代百年积弱的深层原因。

但后来发现，仅此收笔还不得终结，因为躲来躲去总还是躲不开“人口超级大国基因”，以及横亘在面前的“李约瑟难题”这座大山。挑战李约瑟难题难度之大，统计数据之匮乏，参考资料之稀缺，几乎不可想象，相信可能只有那些愚钝到较真的同行才会有同感。

于是，不得不硬着头皮面对浩如烟海的史料，被精心雕琢过的前辈巨著和令现代人费解的历史事件。经常搞得自己像进了诸葛亮的八卦阵，急不得策、战不得胜、退不得路。不知道多少次有了放弃的念头。另外，也生怕因自己的无知、寡闻、浅薄或信口开河误人子弟。

如果你向 100 个认真的学者询问：为什么 19 世纪 40 年代国力超过日本 10 倍的中国，甲午战争会输的那么惨？他们会给你 100 个以上的答案，且滔滔不绝、振振有词。

如果你向 100 个执著的学者询问：为什么一直作为明治维新和战后经济高速增长的东亚经济强国的日本，在 1990 年以后持续二十年萎靡不振，仿佛进入了“冬眠”？他们会给你几个大致相同的答案，似曾相识。

但是，如果你向100个学者询问：为什么工业革命会在英国爆发，而不是在荷兰、中国或日本？会有100个以上的学者劝你放弃这个念头，因为难度太大。而且，即便给出一个解答，也会有人说你不过是一家之言，因为很可能这道难题没有答案。

且，世界上的绝大多数人，包括历史学家和经济学家，很多会对此难题不以为然。因为似乎英国工业革命离我们已相去甚远，与工业革命的辉煌和璀璨相比，即便留下一些疑问和不解也已无足痛痒，继续此类研究似乎是徒劳无功的。

然而，对这些疑问的好奇始终让我不能释怀，无数次让我彻夜难眠，也支撑着我走到今天。庆幸自己没有因为这种恐惧而退缩，也许倒是这些无知给了我勇气，激励我完成这部书稿。

终于，当某一天凌晨突然在半睡半醒的状态中，察觉到这些难题解答的“结点”时，惊愕让我一下子从床上坐了起来，恍如大梦初醒。

既然历史是一面镜子，那么如果这面镜子上面的各种五颜六色的贴膜不被揭去，我们也就很难引以为鉴。当历史的本来面目展现在面前时，会像在一面更清晰的镜子里看到自己，包括那些丑陋和缺陷，都会尽数淋漓尽致。虽然心理上会多了些羞愧和遗憾，但却可能会因此少些虚无和轻狂。

只要每一位认真思考的学者，都将他们的真实感受，甚至狂妄之想认真地记录下来，留给后代，那么即便是在昨天和今天看来是绝对无解的难题，也终归会被破释，让真相和本质重沐天日。

每每想到于此，都会庆幸自己当初没有轻易放弃。在许多时刻，人还是要逼自己一下的，就像许多国家和民族在历史上被逼迫了以后，反而绝地逢生、柳暗花明。

专家学者总是希望通过一般规律去总结和概括历史，这样就往往会使历史上那些更重要的真相变得线条越来越粗，甚至无法辨识。再加上哲学家的辩证之法，最后会让你感觉，历史不过是怎么说怎么有理。

一般规律并非不重要，重要的是决定人类命运和发展方向的那些规律，这往往是一些特殊事件和特殊规律决定的，历史多数情况下会像一个被乔装打扮起来的少女，说不定还可能被若干专家整过容。

“人类历史的大部分是猜测，剩下的是偏见。”（Durant 夫妇：Most of history is guessing，and the rest is prejudice. 语）当历史的本来面目还不清楚时，从中总结出的那些逻辑和规律，可能不过是无本之木、海市蜃楼。人类许多重大的历史契机，常常发生在非常事件之中，而历史留给我们的往往是一张“画皮”，去除猜测和偏见之后，才有可能触摸到历史的本来面貌及其背后的逻辑。

天堂是地狱的终极，地狱是天堂的入口。感谢好奇心和责任感给予的勇气、耐心和倔强，把我一步步推入了解读“难题”的玄关入口，迷雾破处，便有那阳光明媚的广漠蓝天。

郝一生

2014 年初夏于北京

图书在版编目（CIP）数据

日出日落：解密中日百年较量背后的资本逻辑 / 郝一生 著. —北京：东方出版社，2014.8

ISBN 978-7-5060-7715-6

Ⅰ.①日… Ⅱ.①郝… Ⅲ.①中国经济-经济史-研究-现代②经济史-研究-日本-现代 Ⅳ.①F129.6②F131.395

中国版本图书馆 CIP 数据核字（2014）第 202064 号

日出日落：解密中日百年较量背后的资本逻辑
（RICHU RILUO：JIEMI ZHONGRI BAINIAN JIAOLIANG BEIHOU DE ZIBEN LUOJI）

作　　者：郝一生
责任编辑：徐　玲　赵方捷
出　　版：东方出版社
发　　行：人民东方出版传媒有限公司
地　　址：北京市东城区朝阳门内大街 166 号
邮政编码：100706
印　　刷：北京市大兴县新魏印刷厂
版　　次：2014 年 10 月第 1 版
印　　次：2014 年 10 月第 1 次印刷
开　　本：710 毫米×1000 毫米　1/16
印　　张：16.25
字　　数：195 千字
书　　号：ISBN 978-7-5060-7715-6
定　　价：42.00 元
发行电话：（010）64258117　64258115　64258112